Angedichtet
Was biblische Frauen gedacht haben mögen

Petra Zeil,
geboren 1980, ist Doktorin der Theologie und arbeitet als Pastoralreferentin in der Erzdiözese Freiburg. Außerdem hat sie Englisch, Französisch, Spanisch und Caritaswissenschaft studiert. Sie schaut sich gerne die Welt an und begeistert sich für Bücher und Sprache(n). Sie liebt es, Tagträume und Gedanken als Geschichten und Gedichte zu Papier zu bringen, und hat eine besondere Vorliebe für Reime.

Angelika Pasetti,
geboren 1971, studierte Architektur in München und lebt seit 1999 mit ihrem Mann in Konstanz am Bodensee. Neben ihren voll ausgefüllten und teils turbulenten Tagen als Mutter von 5 Kindern in Haus und Garten liebt sie es, sich in Ruhe und Stille zurückzuziehen um ihrem Glauben in Bildern Ausdruck zu verleihen.

Petra Zeil

Angedichtet

Was biblische Frauen gedacht haben mögen

mit Bildern von Angelika Pasetti

Bibliografische Information der Deutschen Nationalbibliothek: Die Deutsche Nationalbibliothek verzeichnet diese Publikation in der Deutschen Nationalbibliografie; detaillierte bibliografische Daten sind im Internet über dnb.dnb.de abrufbar.

alle Bibeltexte: Einheitsübersetzung 2016

Herstellung und Verlag: BoD – Books on Demand, Norderstedt
ISBN: 978-3-7557-4205-0

Für Conny.

Für meine Kolleginnen im pastoralen Dienst:
Beate, Ricarda, Monika, Elisabeth und Magdalena.

Inhalt

Eva

Das große Tor fällt ins Schloss,
fassungslos
seh ich es von außen an,
beklommen,
nie angenommen,
dass so etwas geschehen kann.

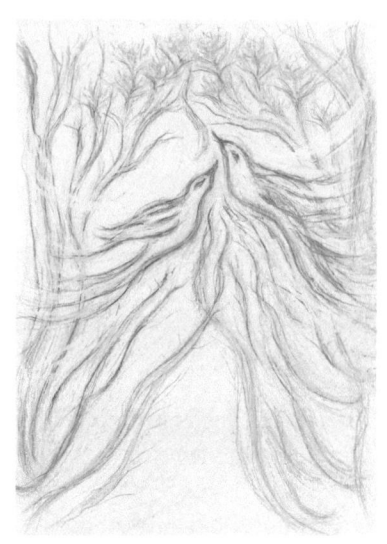

Noch heute Morgen geboren
im Paradies,
das ich verloren,
und nun so schändlich
unmissverständlich
für immer verließ.

Zwei Paradiesvögel schlagen am Boden auf,
und doch geht am Morgen die Sonne auf,
das Licht, von dem Gott sprach „Es werde".
Ich sehe die Blumen, die Flüsse, das Tier,
ich spüre den Regen und du bist bei mir.
So bleibt mir ein Stück Paradies auf der Erde.

Ein Acker und Feld
ist mir die Welt,
doch ich werd ewiglich hoffen,
arbeiten, leiden und beten dafür:
Irgendwann öffnet Gott uns die Tür,
sie steht dir und mir wieder offen.

Am Tag, wo nicht Schmerzen noch Tränen
und wo Gott uns die Sünde erließ,
erfüllt sich mein immerwährendes Sehnen
nach Eden
und wir leben
für immer im Paradies.

„*Der Mensch gab seiner Frau den Namen Eva, Leben, denn sie wurde die Mutter aller Lebendigen. Gott, der Herr, machte dem Menschen und seiner Frau Gewänder von Fell und bekleidete sie damit. Dann sprach Gott, der Herr: Siehe, der Mensch ist wie einer von uns geworden, dass er Gut und Böse erkennt. Aber jetzt soll er nicht seine Hand ausstrecken, um auch noch vom Baum des Lebens zu nehmen, davon zu essen und ewig zu leben. Da schickte Gott, der Herr, ihn aus dem Garten Eden weg, damit er den Erdboden bearbeite, von dem er genommen war. Er vertrieb den Menschen und ließ östlich vom Garten Eden die Kerubim wohnen und das lodernde Flammenschwert, damit sie den Weg zum Baum des Lebens bewachten*" (Gen 3,20–25).

„Sarai, Abrams Frau, hatte ihm nicht geboren. Sie hatte aber eine ägyptische Sklavin. Ihr Name war Hagar. Da sagte Sarai zu Abram: Siehe, der Herr hat mir das Gebären verwehrt. Geh zu meiner Sklavin! Vielleicht komme ich durch sie zu einem Sohn. Abram hörte auf die Stimme Sarais. Sarai, Abrams Frau, nahm also die Ägypterin Hagar, ihre Sklavin, zehn Jahre, nachdem sich Abram im Land Kanaan niedergelassen hatte, und gab sie Abram, ihrem Mann, zur Frau. Er ging zu Hagar und sie wurde schwanger. Als sie sah, dass sie schwanger war, galt ihre Herrin in ihren Augen nichts mehr" (Gen 16,1–4).

Sarai

Mutter.
Nicht ich.
Wieder nur Leere
und dumpfer, dröhnender Schmerz.

Mutter.
Nicht ich.
Nicht diesmal geworden
und vielleicht ewig nicht.
Und ich stehe am Rand
mit einem Herzen aus Blei.
Nie mein Kind an der Hand,
meine Zeit geht vorbei.

Mutter.
Die andere
und so viele mehr,
als ob es nichts wäre.

Mutter,
wie treibt mir das Wort
die Tränen ins Herz.
Verlange ich wirklich zu viel?

Und ich stehe am Rand
mit einem Herzen aus Blei.
Nie mein Kind an der Hand,
meine Zeit geht vorbei.

Gott,
bring zum Schweigen,
die über mich lachen
und hol mich heraus aus der Einsamkeit.

Gott,
hab Erbarmen
und hilf mir zu sein,
die ich so gern werden will!

Und ich stehe am Rand
mit einem Herzen aus Blei.
Nie mein Kind an der Hand,
meine Zeit geht vorbei.

„Eines Tages beobachtete Sara, wie der Sohn, den die Ägypterin Hagar Abraham geboren hatte, spielte und lachte. Da sagte sie zu Abraham: Vertreibe diese Magd und ihren Sohn! Denn der Sohn dieser Magd soll nicht zusammen mit meinem Sohn Isaak Erbe sein. Die Sache war sehr böse in Abrahams Augen, denn es ging um seinen Sohn. Gott sprach aber zu Abraham: Die Sache wegen des Knaben und wegen deiner Magd sei nicht böse in deinen Augen. Hör auf alles, was dir Sara sagt! Denn nach Isaak sollen deine Nachkommen benannt werden. Aber auch den Sohn der Magd will ich zu einem großen Volk machen, weil auch er dein Nachkomme ist. Früh am Morgen stand Abraham auf, nahm Brot und einen Schlauch mit Wasser und gab es Hagar, legte es ihr auf die Schulter, übergab ihr das Kind und entließ sie. Sie zog fort und irrte in der Wüste von Beerscheba umher. Als das Wasser im Schlauch zu Ende war, warf sie das Kind unter einen Strauch, ging weg und setzte sich in der Nähe hin, etwa einen Bogenschuss weit entfernt; denn sie sagte: Ich kann nicht mit ansehen, wie das Kind stirbt. Sie saß in der Nähe und erhob ihre Stimme und weinte. Gott hörte den Knaben schreien; da rief der Engel Gottes vom Himmel her Hagar zu und sprach: Was hast du, Hagar? Fürchte dich nicht, denn Gott hat die Stimme des Knaben gehört, dort, wo er liegt. Steh auf, nimm den Knaben hoch und halt ihn fest an deiner Hand; denn zu einem großen Volk will ich ihn machen. Gott öffnete ihr die Augen und sie erblickte einen Brunnen. Sie ging hin, füllte den Schlauch mit Wasser und gab dem Knaben zu trinken. Gott war mit dem Knaben" (Gen 21,9–19).

Hagar

Nur fort, mein Sohn, fort!
Was für ein fremder, liebloser Ort!
Blindlings voran,
ins Nirgendwann.

Hab ich denn nicht getan, was verlangt?
Schenkte den sehnlichen Sohn.
Keiner, der dankt,
schändlicher Lohn.

Dein Vater schaut zu und dein Vater macht mit,
verleugnet den Sohn, Kind und Blut.
In die Wüste verstoßen mit einem Tritt.
Oh, deinem Vater fehlte der Mut.

Das Wasser wird knapp
und kein Brunnen in Sicht.
Verzeih mir, mein Sohn, wenn ich nichts für dich hab,
wenn mein Herz gar so nutzlos bricht.

Gott, schau doch auch auf Hagars Kind,
es hat ja nichts Böses getan!
Gib, dass wir hier nicht verloren sind,
ich flehe dich flehentlich an!

Schlafe mein Kind, es hat keinen Sinn
noch länger auf Hilfe zu hoffen.
Beweinst du die Mutter, die ich nicht bin?
Da hat mich ein Lichtstrahl getroffen!

Ist es denn nur meine Müdigkeit
oder hab ich den Engel gesehen?
Hörst du das Plätschern? Ein Brunnen nicht weit!
Steh auf, kleiner Sohn, lass uns gehen!

Ein neuer Morgen erhebt sein Gesicht,
er zeigt uns, wer wir jetzt sind.
Er schenkt nun zwei Freien sein strahlendes Licht,
nicht mehr Sklavin und nicht Sklavenkind.

Komm, kleiner Junge, steh auf und geh,
mit dem Herrn sind wir beide schon drei.
Wohl sind wir verstoßen und die Wunde tut weh,
doch verstoßen zu sein, das heißt frei.

„*Laban und Betuël antworteten und sagten: Siehe, Rebekka steht vor dir. Nimm sie und geh! Sie soll die Frau des Sohnes deines Herrn werden, wie der Herr es gefügt hat. Als der Knecht Abrahams ihre Antwort hörte, warf er sich vor dem Herrn zur Erde nieder. Dann holte der Knecht Sachen aus Silber und Gold und Kleider hervor und schenkte sie Rebekka. Auch ihrem Bruder und ihrer Mutter überreichte er kostbare Geschenke. Als sie am Morgen aufstanden, sagte der Knecht: Entlasst mich jetzt zu meinem Herrn! Der Bruder Rebekkas und ihre Mutter antworteten: Das Mädchen soll noch einige Tage bei uns bleiben, etwa zehn Tage, dann mag sie sich auf die Reise begeben. Haltet mich nicht zurück, antwortete er ihnen, da der Herr meinen Weg gelingen ließ! So entlasst mich denn, dass ich zu meinem Herrn gehe! Sie entgegneten: Wir wollen das Mädchen rufen und es selbst fragen. Sie riefen Rebekka und fragten sie: Willst du mit diesem Mann ziehen? Ja, antwortete sie. Da ließen sie ihre Schwester Rebekka und ihre Amme mit dem Knecht Abrahams und seinen Leuten ziehen. Sie segneten Rebekka und sagten zu ihr: Du, unsere Schwester, werde Mutter von tausendmal Zehntausend! Deine Nachkommen sollen das Tor ihrer Feinde einnehmen. Rebekka brach mit ihren Mägden auf. Sie bestiegen die Kamele und folgten dem Mann*" (Gen 24,50a.51–53.54b–61b).

Rebekka

Aufbruch,
der erste meines Lebens.
Ins Ungewisse führt er,
und doch
ist er so verheißungsvoll,
spricht von Bergen und Seen,
die ich nie sah,
von Zukunft,
die nur lebt,
wenn man geht,
Menschen, die man nie gekannt,
nie geliebt hätte,
ohne Aufbruch.

Schon das Wort erzählt
von einem Leben,
das ich träumte,
furchtvoll und hoffend,
voll Schauer und Sehnsucht,
ein Mädchen daheim.

Aufbruch.
Etwas bricht auf in mir,
etwas bricht weg,
führt mich weg,
ich breche auf,
und Neues taucht auf vor mir,
umschließt und wandelt mich,
während ich wandle.

Und wenn mich die Reue fasst?
Schlimmer wäre,
nie aufgebrochen zu sein,
nie dem Traum auf der Spur,
dem Sehnen nicht nachgegeben,
keine eigene Fremde
und kein eigenes Zuhaus.

Aufbruch ins Ungewisse.
Zukunft bricht auf.
Leben beginnt.

16

„Während Jakob sich noch mit den Leuten am Brunnen unterhielt, war Rahel mit den Schafen und Ziegen, die ihrem Vater gehörten, eingetroffen; denn sie war Hirtin. Als Jakob Rahel, die Tochter Labans, des Bruders seiner Mutter, und die Schafe und Ziegen Labans (…), sah, trat er hinzu, wälzte den Stein von der Brunnenöffnung und tränkte die Schafe und Ziegen Labans (…). Dann küsste Jakob Rahel, erhob seine Stimme und weinte. Jakob eröffnete Rahel, dass er ein Bruder ihres Vaters und der Sohn Rebekkas sei. Da lief sie weg und erzählte es ihrem Vater. Als Laban die Nachricht von Jakob, dem Sohn seiner Schwester, hörte, lief er ihm entgegen; er umarmte und küsste ihn und führte ihn in sein Haus. Jakob erzählte Laban die ganze Geschichte. Da erwiderte ihm Laban: Du bist wirklich mein Bein und mein Fleisch. Als Jakob etwa einen Monat bei ihm geblieben war, sagte Laban zu Jakob: Bist du nicht mein Bruder? Sollst du mir umsonst dienen? Sag mir, welchen Lohn du haben willst! Jakob hatte Rahel lieb und so sagte er: Ich will dir um die jüngere Tochter Rahel sieben Jahre dienen. Laban entgegnete: Es ist besser, ich gebe sie dir als einem anderen. Bleib bei mir! Jakob diente also um Rahel sieben Jahre. Weil er sie liebte, kamen sie ihm wie wenige Tage vor" (Gen 29,9–15.18–20).

Rahel

Welch ein verzauberter Tag!
Jakob ist da,
am Brunnen, als ob nichts wäre.
Hör, großer Gott nun, höre:
Er, von dem ich so lang schon träumte,
kam ungefragt,
seufzte und weinte.
Der Mann, dem kein anderer glich,
wählte mich.

Welch verzauberte Stunde!
Jakob ging hin
zu meinem Vater und schloss den Vertrag.
Das sind Geschichten, wie ich sie mag!
Gott hat auf mich geschaut.
Mit solch großer Freude erfüllt mich die Kunde:
Das Mädchen Rahel wird Braut.
Jakob schafft, was unmöglich schien.
Ich warte auf ihn.

Welch verzauberte Jahre!
Jakob steht auf dem Feld.
Er arbeitet, dient und er wirtschaftet gut.
Danke, oh Gott, dass er das für mich tut!
Ich kann kaum noch schlafen vor Freude,
dass ich so viel Segen erfahre.
Schon bald ist der große Tag für mich heute.
Bald beginnt nach der Wartezeit
das Glück zu zweit.

„Laban hatte zwei Töchter; die ältere hieß Lea, die jüngere Rahel. Die Augen Leas waren matt, Rahel aber war von schöner Gestalt und von schönem Aussehen. Jakob hatte Rahel lieb und so sagte er: Ich will dir um die jüngere Tochter Rahel sieben Jahre dienen. Laban entgegnete: Es ist besser, ich gebe sie dir als einem anderen. Bleib bei mir! Jakob diente also um Rahel sieben Jahre. Dann aber sagte Jakob zu Laban: Gib mir jetzt meine Frau; denn meine Zeit ist um und ich will nun zu ihr gehen. Da ließ Laban alle Männer des Ortes zusammenkommen und bereitete ein Festmahl. Am Abend nahm er aber seine Tochter Lea, führte sie zu ihm und Jakob kam zu ihr. Am Morgen aber, siehe, da war es Lea. Jakob sagte zu Laban: Was hast du mir angetan? Habe ich dir denn nicht um Rahel gedient? Warum hast du mich betrogen? Laban erwiderte: Es ist hierzulande nicht üblich, die Jüngere vor der Älteren zur Ehe zu geben. Vollende diese Brautwoche, dann wollen wir dir auch die andere geben für die Arbeit, die du bei mir noch weitere sieben Jahre verrichten wirst. Jakob machte es so. Er vollendete die Brautwoche, dann gab ihm Laban seine Tochter Rahel zur Frau. Jakob (…) liebte Rahel mehr als Lea. Lea wurde schwanger und gebar einen Sohn. Sie gab ihm den Namen Ruben – Seht, ein Sohn –; denn sie sagte: Ja, der Herr hat mein Elend gesehen. Jetzt wird mein Mann mich gewiss lieben" (Gen 29,16–20a.21–23.25–28.30a.32).

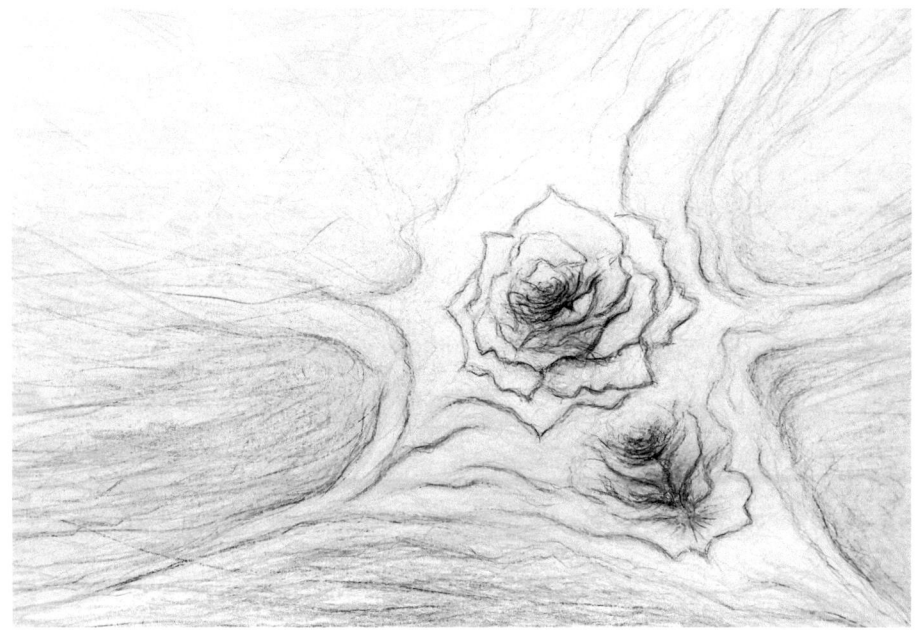

Lea

Etwas sagen
hätte ich sollen,
zu meinem Vater,
dass er nicht recht tut.
Doch wer will übrigbleiben,
nicht geliebt
noch versorgt.
So habe ich geschwiegen.

Etwas sagen
hätte ich sollen,
zu meinem Mann:
Du wirst getäuscht.
Doch ich hoffte,
alles wird gut.
Liebe, wem Liebe gebührt.
So habe ich geschwiegen.

Etwas sagen
hätte ich sollen
zu meiner Schwester:
Verzeih!
Doch sind ihre Pläne
denn wichtiger als meine,
ihr Glück bedeutender als meins?
So habe ich geschwiegen.

Etwas sagen
hätte ich sollen
zu allen,
dass es mich schmerzt,
verkauft zu werden wie die Katze im Sack,
Mutter zu sein und ungeliebt.
Doch was hätte es gebracht?
So habe ich geschwiegen.

Etwas sagen
will ich nun:
Ich bin Lea,
um meiner selbst willen
liebenswert.
Der Herr hat es gesehen
und als ich verzweifelt zu ihm rief
nicht geschwiegen.

„Juda nahm für seinen Erstgeborenen Er eine Frau namens Tamar. Aber Er, der Erstgeborene Judas, missfiel dem Herrn und so ließ ihn der Herr sterben. Da sagte Juda zu Onan: Geh zur Frau deines Bruders, vollzieh mit ihr die Schwagerehe und verschaff deinem Bruder Nachkommen! Onan aber wusste, dass die Nachkommen nicht ihm gehören würden. Sooft er zur Frau seines Bruders ging, ließ er den Samen zur Erde fallen und verderben, um seinem Bruder Nachkommen vorzuenthalten. Was er tat, missfiel dem Herrn und so ließ er auch ihn sterben. Nun sagte Juda zu seiner Schwiegertochter Tamar: Bleib als Witwe im Haus deines Vaters, bis mein Sohn Schela groß ist! Denn er dachte: Er soll mir nicht auch noch sterben wie seine Brüder. (…) Viele Jahre vergingen. Die (…) Frau Judas war gestorben. Als die Trauer vorbei war, ging Juda (…) hinauf nach Timna zur Schafschur. Man berichtete Tamar: Siehe, dein Schwiegervater geht gerade nach Timna hinauf, um seine Schafe zu scheren. Da zog sie ihre Witwenkleider aus, legte einen Schleier über und verhüllte sich. Dann setzte sie sich an den Ortseingang von Enajim, der an der Straße nach Timna liegt. Sie hatte nämlich gemerkt, dass Schela groß geworden war und dass man sie ihm nicht zur Frau gegeben hatte. Juda sah sie und hielt sie für eine Dirne; denn sie hatte ihr Gesicht verhüllt. Er bog auf den Weg zu ihr ein und sagte: Mach schon, ich will zu dir kommen! Er wusste ja nicht, dass es seine Schwiegertochter war. Sie antwortete: Was gibst du mir (…)? Er sagte: Ich werde dir ein Ziegenböckchen von der Herde schicken. Sie entgegnete: Nur wenn du mir ein Pfand gibst (…). Deinen Siegelring, deine Schnur und den Stab in deiner Hand (…). Er gab es ihr. Dann ging er zu ihr und sie wurde von ihm schwanger. Nach etwa drei Monaten meldete man Juda: Deine Schwiegertochter Tamar (…) ist schwanger durch Unzucht. Da sagte Juda: Führt sie hinaus! Sie soll verbrannt werden. Als man sie hinausführte, schickte sie zu ihrem Schwiegervater und ließ ihm sagen: Von dem Mann, dem das gehört, bin ich schwanger. (…) Sieh genau hin: Wem gehören der Siegelring, die Schnüre und dieser Stab? Juda sah genau hin und gab zu: Sie ist mir gegenüber im Recht, weil ich sie meinem Sohn Schela nicht zur Frau gegeben habe (…)“ (Gen 38,6–18.24–26).

Tamar, die Schwiegertochter Judas

Du verwehrst mir mein Recht,
du stiehlst mir mein Glück.
Du behandelst mich schlecht
du belastest dich sehr,
was du versprochen, das gilt nicht mehr,
dein Wort gebrochen, du nimmst es zurück.

Nie vorgehabt, eine Witwe zu sein.
Aber ganz plötzlich bin ich allein.
Könnt ich auf eigenen Füßen stehen,
könnte ich einfach packen und gehen,
ich lebte mein Leben frei und für mich,
doch die Gesetze, sie binden an dich.

Nie vorgehabt, dass der andere mich täuscht,
dass er die Schuld und den Tod auf sich häuft.
Es ist so geschehen, er war verpflichtet.
Auf die Demütigung hätte ich gerne verzichtet.
Die Leute, sie reden und schauen mich an,
als hätte ich etwas Böses getan.

Nie vorgehabt, dir zu nahe zu kommen,
die Leute nennen dich einen Frommen,
doch ich sehe dich an und kenn deine Schwäche,
und es macht mich nicht stolz, dass ich mich an dir räche.
Ich hätte beileibe Schön'res erhofft.
Aber die Chance kommt nicht so oft.

Vorgehabt habe ich insgeheim,
Kinder zu haben und glücklich zu sein.
Geborgen zu sein, daheim und geschätzt.
Ich rufe zu Gott, er erbarme sich jetzt!
Er halte zu mir und stille mein Sehnen,
er gebe Frieden und trockne die Tränen.

Du verwehrst mir mein Recht,
du stiehlst mir mein Glück.
Du behandelst mich schlecht,
du belastest dich sehr,
doch ich schaue nicht mehr
länger im Zorn zurück.

„In Ägypten kam ein neuer König an die Macht, der Josef nicht gekannt hatte. Er sagte zu seinem Volk: Seht nur, das Volk der Israeliten ist größer und stärker als wir. Gebt Acht! Wir müssen überlegen, was wir gegen es tun können, damit es sich nicht weiter vermehrt. Die Ägypter gingen hart gegen die Israeliten vor und machten sie zu Sklaven. Zu den hebräischen Hebammen – die eine hieß Schifra, die andere Pua – sagte der König von Ägypten: Wenn ihr den Hebräerinnen Geburtshilfe leistet, dann achtet auf das Geschlecht! Ist es ein Knabe, so lasst ihn sterben! Ist es ein Mädchen, dann kann es am Leben bleiben. Die Hebammen aber fürchteten Gott und taten nicht, was ihnen der König von Ägypten gesagt hatte, sondern ließen die Kinder am Leben. Da rief der König von Ägypten die Hebammen zu sich und sagte zu ihnen: Warum tut ihr das und lasst die Kinder am Leben? Die Hebammen antworteten dem Pharao: Die hebräischen Frauen sind nicht wie die ägyptischen, denn sie sind voller Leben. Bevor die Hebamme zu ihnen kommt, haben sie schon geboren. Gott verhalf den Hebammen zu Glück; das Volk aber vermehrte sich und wurde sehr stark. Weil die Hebammen Gott fürchteten, gab er ihnen Nachkommen" (Ex 1,8–10a.11–13.15–21).

Die hebräischen Hebammen

Berufung:
Zum Leben verhelfen,
unterstützen und befähigen,
Schmerzen mit aushalten,
Schreie ertragen,
Wunden versorgen,
Mut zusprechen,
Hände halten,
um ein Wunder beten
und selbst daran mitwirken.
Lachend und weinend
das Kind in Empfang nehmen,
willkommen heißen,
Blut abwischen,
Nabelschnur kappen:
Vorbereiten auf Freiheit.
Die Kleinen schützen,
die Schwachen stärken.

Berufung:
Uns gegen den Tod stellen,
gegen lebensfeindliche Mächte antreten.
Den Gewalten die Stirn bieten,
sagen: „Nicht mit uns!"
Sich nicht beugen,
nicht benutzen lassen
als Werkzeug zum Bösen.
Gott mehr gehorchen als den Menschen,
auch wenn es gefährlich wird.
Mit dem eigenen Leben
die Kleinen verteidigen,
nicht zulassen, dass Herzen
achtlos gebrochen werden.
Sicher sein:
Gott steht uns bei.

23

„Ein Mann aus dem Hause Levi ging hin und nahm eine Frau aus dem gleichen Stamm. Die Frau wurde schwanger und gebar einen Sohn. Weil sie sah, dass er schön war, verbarg sie ihn drei Monate lang. Als sie ihn nicht mehr verborgen halten konnte, nahm sie ein Binsenkästchen, dichtete es mit Pech und Teer ab, legte das Kind hinein und setzte es am Nilufer im Schilf aus. Seine Schwester blieb in der Nähe stehen, um zu sehen, was mit ihm geschehen würde. Die Tochter des Pharao kam herab, um im Nil zu baden (…). Auf einmal sah sie im Schilf das Kästchen und ließ es durch ihre Magd holen. Als sie es öffnete und hineinsah, lag ein weinendes Kind darin. Sie hatte Mitleid mit ihm und sie sagte: Das ist ein Hebräerkind. Da sagte seine Schwester zur Tochter des Pharao: Soll ich zu den Hebräerinnen gehen und dir eine Amme rufen, damit sie dir das Kind stillt? Die Tochter des Pharao antwortete ihr: Ja, geh! Das Mädchen ging und rief die Mutter des Knaben herbei. Die Tochter des Pharao sagte zu ihr: Nimm das Kind mit und still es mir! Ich werde dich dafür entlohnen. Die Frau nahm das Kind zu sich und stillte es. Als der Knabe größer geworden war, brachte sie ihn der Tochter des Pharao. Diese nahm ihn als Sohn an, nannte ihn Mose und sagte: Ich habe ihn aus dem Wasser gezogen" (Ex 2,1–10).

Die große Schwester des Mose

Weine nicht, kleiner Bruder,
schlaf sacht!
Deine Schwester hat gut auf dich Acht.
Sie ist klug und hat gute Ideen,
und sie hilft dir, du wirst es schon sehen.

Hab dich wohl, kleiner Bruder,
werde groß!
Deine Schwester, sie lässt dich nun los.
Deinem Volk geht es lange schon schlecht,
handle gut und verschaffe ihm Recht.

Gott mit dir, kleiner Bruder,
habe Mut!
Gottes Pläne mit dir sind sehr gut.
Schenkt das Leben dir Gold oder Stein,
du wirst immer mein Brüderchen sein.

„Als die Rosse des Pharao mit ihren Wagen und ihren Reitern ins Meer zogen, ließ der Herr das Wasser des Meeres auf sie zurückfluten, nachdem die Israeliten auf trockenem Boden mitten durchs Meer gezogen waren. Die Prophetin Mirjam, die Schwester Aarons, nahm die Pauke in die Hand und alle Frauen zogen mit Paukenschlag und Tanz hinter ihr her. Mirjam sang ihnen vor: Singt dem Herrn ein Lied, denn er ist hoch und erhaben! Ross und Reiter warf er ins Meer" (Ex 15,19–21).

Die Prophetin Mirjam

Wer hätte geglaubt,
dass sie enden,
die Sklaverei,
das Unrecht,
das Sterben,
Gefangensein?
Immer vorbereitet
aufs Freisein,
ein neues Leben,
aber doch gezweifelt
im tiefsten Herzen
unmöglich
gedacht.
Und jetzt
spaltet uns einer das Meer,
lässt uns hindurchziehen,
schneidet dem Feind den Weg ab,
sagt: für immer!
kommt mit,
lässt uns frei.

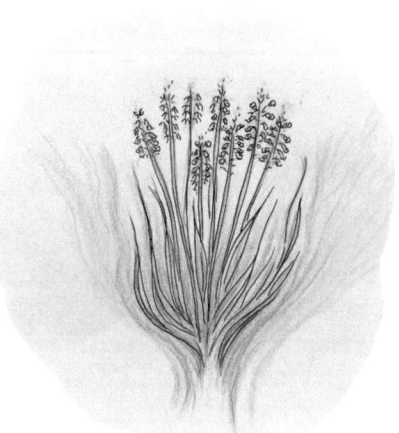

„Am Morgen stand Bileam auf, sattelte seine Eselin und ging mit den Hofleuten aus Moab. Aber Gott wurde zornig, weil Bileam mitging, und der Engel des HERRN trat Bileam als Widersacher in den Weg, als Bileam auf seiner Eselin dahinritt (…). Die Eselin sah den Engel des HERRN auf dem Weg stehen, mit dem gezückten Schwert in der Hand, und sie verließ den Weg und wich ins Feld aus. Da schlug sie Bileam, um sie auf den Weg zurückzubringen. Darauf stellte sich der Engel des HERRN auf den engen Weg zwischen den Weinbergen, der zu beiden Seiten Mauern hatte. Als die Eselin den Engel des HERRN sah, drückte sie sich an der Mauer entlang und drückte dabei das Bein Bileams gegen die Mauer. Da schlug Bileam sie wieder. Der Engel des HERRN ging weiter und stellte sich an eine enge Stelle, wo es weder rechts noch links eine Möglichkeit gab auszuweichen. Als die Eselin den Engel des HERRN sah, ging sie unter Bileam in die Knie. Bileam aber wurde wütend und schlug die Eselin mit dem Stock. Da öffnete der HERR der Eselin den Mund und die Eselin sagte zu Bileam: Was habe ich dir getan, dass du mich jetzt schon zum dritten Mal schlägst? Bileam erwiderte der Eselin: Weil du mich verhöhnst. Hätte ich ein Schwert dabei, dann hätte ich dich jetzt schon umgebracht. Die Eselin antwortete Bileam: Bin ich nicht deine Eselin, auf der du seit eh und je bis heute geritten bist? War es etwa je meine Gewohnheit, mich so zu benehmen? Da sagte er: Nein. Nun öffnete der HERR dem Bileam die Augen und er sah den Engel des HERRN auf dem Weg stehen, mit dem gezückten Schwert in der Hand. Da verneigte sich Bileam und warf sich auf sein Gesicht nieder. Der Engel des HERRN sagte zu ihm: Warum hast du deine Eselin dreimal geschlagen? Siehe, ich bin dir als Widersacher in den Weg getreten, weil der Weg in meinen Augen abschüssig ist. Die Eselin hat mich gesehen und ist mir schon dreimal ausgewichen. Wäre sie mir nicht ausgewichen, dann hätte ich dich jetzt schon umgebracht, sie aber am Leben gelassen" (Num 22,21–33).

Bileams Eselin

Ich habe immer mitgespielt,
hab der Anforderung entsprochen,
jede Regel brav erfüllt,
kein Versprechen je gebrochen.
Doch jetzt kann ich den Engel sehen.
Dräng mich nicht, ich bleibe stehen.

Schlag mich nicht,
frage dich,
ob nicht der Geist auch zu mir spricht!

Du glaubst, von Gott weißt ja nur du,
hast klar, was Gottes Wille sei.
Du treibst mich an und sagst: Gib Ruh!
Schimpfst über die Eselei.
Es hilft nichts, dass du schreist und hiebst.
Den Engel siehst du, wenn du liebst.

Schlag mich nicht,
frage dich,
ob nicht der Geist auch zu mir spricht!

Dieser Engel kommt vom Herrn,
und er will den Weg uns zeigen.
Schau, kein Esel beugt sich gern,
doch soll mein Eselinnenhaupt ich neigen,
dann vor ihm, vor anderen nie.
Vor ihm nur fall ich auf die Knie.

Schlag mich nicht,
frage dich,
ob nicht der Geist auch zu mir spricht!

Fest steh ich mit meinen Hufen,
aufrecht bleibt mein Eselsohr.
Der, der mich zuerst gerufen,
zeigt mir, was ich fast verlor.
Staunend blick ich in sein Licht.
Ich seh es, und du siehst es nicht.

Herr, tu deinen Willen kund,
bevor ich an der Last zerbreche!
Öffne mir den stummen Mund,
damit ich für mich selber spreche
und vor dem, der andere schlägt,
nicht den Eselsschwanz einziehe,
mich nicht beuge und nicht fliehe,
sondern Konsequenzen ziehe
aus was mein Eselinnenherz bewegt.

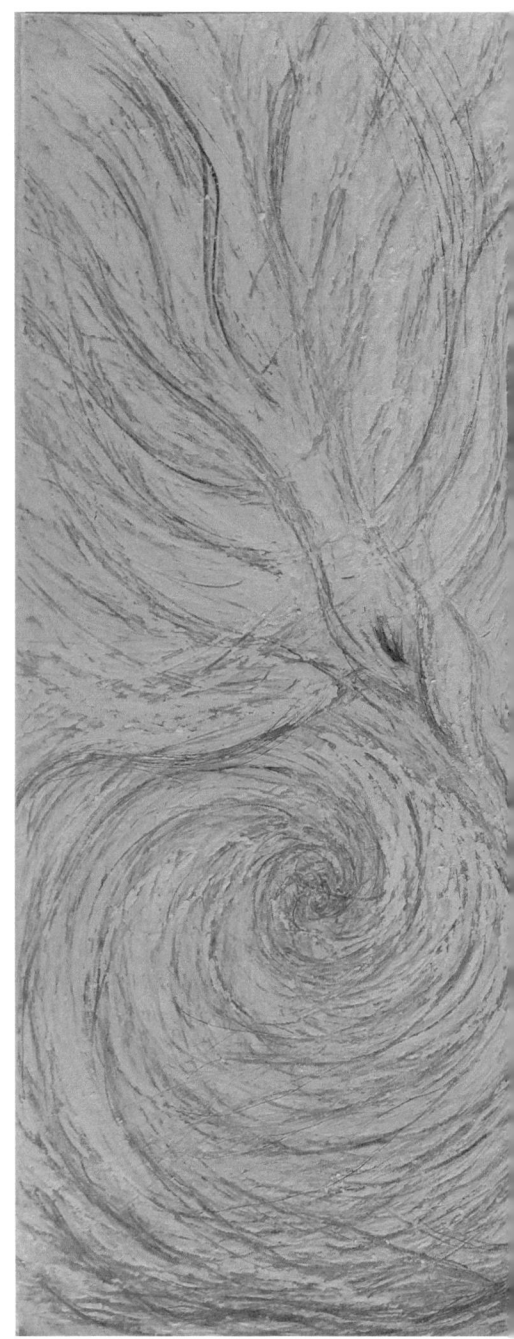

„Die Töchter Zelofhads (…) traten heran. Dies waren die Namen seiner Töchter: Machla, Noa, Hogla, Milka und Tirza. Sie stellten sich vor Mose und vor den Priester Eleasar und vor die Anführer und die ganze Gemeinde an den Eingang des Offenbarungszeltes und sagten: Unser Vater ist in der Wüste gestorben. Aber er hinterließ keine Söhne. Warum soll nun der Name unseres Vaters aus der Mitte seiner Sippe verschwinden, weil er keinen Sohn hatte? Gib uns Grundbesitz bei den Brüdern unseres Vaters! Da übergab Mose ihre Rechtssache dem Herrn und der Herr sprach zu Mose: Die Töchter Zelofhads haben recht geredet. Du musst ihnen vererbbaren Grundbesitz bei den Brüdern ihres Vaters geben, also den Erbbesitz ihres Vaters auf sie übertragen. Sag zu den Israeliten: Wenn jemand ohne Sohn stirbt, dann übertragt seinen Erbbesitz auf seine Tochter!" (Num 27,1–3a.3c–8)

Die Töchter Zelofhads

Wir fordern
keine Geschenke,
keine Mildtätigkeit,
kein freundliches Entgegenkommen.
Wir fordern unser Recht,
die Pflicht ein,
die ihr gegen uns habt.

Einer schenkte uns das Leben,
teilte mit uns seines,
war für uns da.
Soll er uns nicht schenken dürfen,
was sein ist
und schon immer
unser aller war?
Sind wir denn nicht
Kind unseres Vaters
wie es vollkommener
kein Sohn sein kann?

Einer sah uns
mit seinem Segen
zur Welt kommen,
gab uns einen Namen,
nahm uns freudig wahr.
Soll ihm gleich sein,
ob wir zum Leben haben
oder nicht?

Fragt doch den Herrn,
der die Tochter
nicht weniger schätzt
als den Sohn!

Und der Herr
gab uns Recht.

„Josua (…) schickte von Schittim heimlich zwei Kundschafter aus und befahl ihnen: Geht, erkundet das Land, besonders die Stadt Jericho! Sie brachen auf und kamen zu dem Haus einer Dirne namens Rahab; dort legten sie sich schlafen. Man meldete dem König von Jericho: Siehe, heute Nacht sind ein paar Männer hierhergekommen, Israeliten, um das Land auszukundschaften. Da schickte der König von Jericho Boten zu Rahab und ließ ihr sagen: Gib die Männer heraus, die bei dir in deinem Haus eingekehrt sind; denn sie sind gekommen, um das ganze Land auszukundschaften. Da nahm die Frau die beiden Männer und versteckte sie. Zu den Boten aber sagte sie: Ja, die Männer sind zu mir gekommen; doch ich habe nicht erfahren, woher sie waren. Als das Stadttor bei Einbruch der Dunkelheit geschlossen werden sollte, sind die Männer weggegangen; ich habe nicht erfahren, wohin sie gegangen sind. Lauft ihnen schnell nach, dann könnt ihr sie noch einholen! Sie hatte aber die Männer auf das flache Dach gebracht und unter den Flachsstängeln versteckt, die für sie auf dem Dach aufgeschichtet waren. Bevor die Männer sich niederlegten, stieg Rahab zu ihnen auf das Dach hinauf und sagte zu ihnen: Ich habe erfahren, dass der Herr euch das Land gegeben hat und dass uns Furcht vor euch befallen hat und alle Bewohner des Landes aus Angst vor euch vergehen. Denn wir haben gehört, wie der Herr das Wasser des Roten Meeres euretwegen austrocknen ließ, als ihr aus Ägypten ausgezogen seid. (…) Als wir das hörten, zerschmolz unser Herz und jedem stockte euretwegen der Atem; denn der Herr, euer Gott, ist Gott droben im Himmel und hier unten auf der Erde. Nun schwört mir beim Herrn, dass ihr der Familie meines Vaters Gnade erweist, wie ich sie euch erwiesen habe, und gebt mir ein sicheres Zeichen dafür, dass ihr meinen Vater und meine Mutter, meine Brüder und meine Schwestern und alles, was ihnen gehört, am Leben lasst und dass ihr uns vor dem Tod bewahrt! Die Männer antworteten ihr: Wir bürgen mit unserem Leben für euch, wenn ihr nur unsere Sache nicht verratet. (…) Darauf ließ die Frau sie mit einem Seil durch das Fenster hinab; das Haus, in dem sie wohnte, war nämlich in die Stadtmauer eingebaut“ (Jos 2,1–6.8–15).

Rahab

Abwägen.
Die anderen oder wir
oder niemand.
Unheil naht der Stadt.
Gerecht oder ungerecht?
Ich weiß es nicht.
Vater und Mutter schützen,
sie, die mir mein Leben geschenkt,
sich ein Leben lang vor mich gestellt.

Jetzt hat das Alter sie schwach gemacht.
Eine Macht strömt auf uns ein,
kann ich sie wenden?
Das Meer geteilt,
den Feind besiegt,
ein Gott mit ihnen.
Bin ich listig,
wenn ich
nur an unsere Rettung denke?
Verrat an den einen
oder den anderen.
Allein gegen alle.
Was wird mit dir, Jericho?
Und du,
fremder, großer Gott,
siehst du mich?
Spiele ich eine Rolle in der Geschichte,
die du schreibst?
Gut oder böse,
verdorben oder klug.
Und dann?
Gibt es einen Plan?
Sprich zu mir, Gott!
Vater und Mutter werden leben.
Jericho.
Vergib die Entscheidung,
die ich treffen muss.
Gott, vertraue und glaube ich
oder habe ich Angst vor dir?
Eine Stimme sagt mir,
dass man sich von mir erzählen wird.
Rahabs Name wird geschrieben stehen.
Ein rotes Seil
in den Geschichten des Volkes,
die unsere Zeit überdauern.
Gut oder schlecht?
Ich weiß es nicht.

„Jiftach kehrte nach Mizpa in Gilead zurück, um von dort in den Kampf gegen die Ammoniter zu ziehen. Vorher legte er ein Gelübde ab und versprach dem Herrn: »Wenn du die Ammoniter in meine Hand gibst und ich wohlbehalten nach Hause zurückkehre, soll das, was mir als Erstes aus der Tür meines Hauses entgegenkommt, dir gehören. Ich will es dir als Opfer auf deinem Altar verbrennen.« Dann zog Jiftach in den Kampf gegen die Ammoniter und der Herr gab sie in seine Hand. Als nun Jiftach zu seinem Haus nach Mizpa zurückkehrte, wer kam da aus der Tür? Seine Tochter, seine Einzige! Er hatte außer ihr keine Kinder. Sie trat aus dem Haus und kam ihm entgegen, dabei tanzte sie und schlug das Tamburin. Als er sie sah, zerriss er sein Gewand und rief: »Ach, meine Tochter, du stürzt mich in tiefstes Leid! Dass du es sein musst! Was für einen Schmerz fügst du mir zu! Ich habe dem Herrn mein Wort gegeben und kann es nicht zurücknehmen.« Sie aber sagte: »Mein Vater, wenn es so ist, dann tu an mir, was du nun einmal ausgesprochen hast. Der Herr hat dir ja auch den Sieg über deine Feinde, die Ammoniter, geschenkt.« Dann fügte sie hinzu: »Gewähre mir nur eine Bitte! Lass mich noch zwei Monate leben. Ich möchte auf die Hügel dort unten gehen und mit meinen Freundinnen darüber weinen, dass ich unverheiratet sterben muss.« »Geh nur«, sagte ihr Vater und gab ihr zwei Monate Zeit. (…) Als die Frist verstrichen war, kehrte sie zu ihrem Vater zurück, und er tat an ihr, was er dem Herrn versprochen hatte. Sie war noch eine unberührte Jungfrau, als sie starb. Daraus entstand der Brauch in Israel, dass die jungen Frauen einmal in jedem Jahr hinausgehen und vier Tage lang die Tochter Jiftachs aus Gilead beweinen" (Ri 11,29b–32.34–40).

Jiftachs Tochter

Ich bin nicht Isaak,
keiner hört mein Schrei'n
keine göttliche Stimme ruft:
„Halte ein!"

Ich bin nicht Isaak,
nicht auf die Probe gestellt.
Der Tod wird mich holen,
entreißt mich der Welt.

Ich bin nicht Isaak,
ein Gelöbnis aus Danken und Prahlen,
das nicht ich gegeben hab,
muss ich so bitter bezahlen.

Ich bin nicht Isaak,
ich wein um mein junges Leben.
Was, lieber Vater, hast du denn geglaubt,
kommt aus dem Haus dir entgegen?

Ich bin nicht Isaak,
mein Name verweht im Wind.
Sag, welcher Vater zahlt für den Sieg
leichtfertig mit seinem Kind?

Ich bin nicht Isaak,
und wer sein Wort bricht, ist Sünder.
Doch glaub mir, ein Gott, der es gut mit
dir meint,
verlangt nicht den Tod deiner Kinder.

„Elimelech, der Mann Noomis, starb und sie blieb mit ihren beiden Söhnen zurück. Diese nahmen sich moabitische Frauen, Orpa und Rut, und so wohnten sie dort etwa zehn Jahre lang. Dann starben auch Machlon und Kiljon und Noomi blieb allein, ohne ihren Mann und ohne ihre beiden Söhne. Da brach sie mit ihren Schwiegertöchtern auf, um aus dem Grünland Moabs heimzukehren; denn sie hatte dort gehört, der Herr habe sich seines Volkes angenommen und ihm Brot gegeben. Als sie nun auf dem Heimweg in das Land Juda waren, sagte Noomi zu ihren beiden Schwiegertöchtern: Kehrt doch beide heim zu euren Müttern! Der Herr erweise euch Güte, wie ihr sie den Toten und mir erwiesen habt. Der Herr lasse jede von euch Geborgenheit finden bei einem Gatten. Damit küsste sie beide zum Abschied; doch Orpa und Rut begannen laut zu weinen. Doch dann gab Orpa ihrer Schwiegermutter den Abschiedskuss, während Rut nicht von ihr ließ. Noomi sagte: Du siehst, deine Schwägerin kehrt heim zu ihrem Volk und zu ihrem Gott. Folge ihr doch! Rut antwortete: Dränge mich nicht, dich zu verlassen und umzukehren! Wohin du gehst, dahin gehe auch ich, und wo du bleibst, da bleibe auch ich. Dein Volk ist mein Volk und dein Gott ist mein Gott. So kehrte Noomi mit Rut, ihrer moabitischen Schwiegertochter, aus dem Grünland Moabs heim. Zu Beginn der Gerstenernte kamen sie in Betlehem an. Da sagte Rut, die Moabiterin, zu Noomi: Ich möchte aufs Feld gehen und Ähren lesen, wo es mir jemand erlaubt. Sie antwortete ihr: Geh, meine Tochter! Rut ging hin und las auf dem Feld hinter den Schnittern her. Dabei war sie auf ein Grundstück des Boas aus dem Geschlecht Elimelechs geraten. Boas sagte zu Rut: Höre wohl, meine Tochter, geh auf kein anderes Feld, um zu lesen; entfern dich nicht von hier, sondern halte dich an meine Mägde; behalte das Feld im Auge, wo sie ernten, und geh hinter ihnen her! Ich habe den Knechten befohlen, dich nicht anzurühren. Hast du Durst, so darfst du zu den Gefäßen gehen und von dem trinken, was die Knechte schöpfen. Mir wurde alles berichtet, was du nach dem Tod deines Mannes für deine Schwiegermutter getan hast, wie du deinen Vater und deine Mutter, dein Land und deine Verwandtschaft verlassen hast und zu einem Volk gegangen bist, das dir zuvor unbekannt war. Der Herr, der Gott Israels, zu dem du gekommen bist, um dich unter seinen Flügeln zu bergen, möge dir dein Tun vergelten und dich reich belohnen" (Rut 1,3–6.7b–9.14b–16.22; 2,2–3.8–9.11b–12).

Rut

Meine Freundin,
du nahmst mich auf.
Bist mir Mutter geworden,
warst freundlich zu mir.
Froh lebten wir zusammen,
als es uns gut ging.
Jetzt sind wir Witwen,
die Geliebten: tot.
Sieh mich an!
Du bist grau geworden,
gehst gebeugt,
machst langsame Schritte.
Ich bin noch jung,
so jung, als wäre noch Frühling,
als stünde mir offen
die ganze Welt.
Meine Kraft reicht für zwei,
und ich setze sie für dich ein.
Ich lasse dich nicht allein.
Lass uns gemeinsam gehen,
durch Wind und Wetter,
Tag und Nacht,
Trauer, Freude und Sehnsucht.
Und vor unseren Füßen
wird ein neuer Weg sich öffnen.
Wer weiß, wohin er führt?
Vielleicht muss alles so sein.

„So nahm Boas Rut zur Frau und ging zu ihr. Der Herr ließ sie schwanger werden und sie gebar einen Sohn. Da sagten die Frauen zu Noomi: Gepriesen sei der Herr, der es dir heute nicht an einem Löser hat fehlen lassen. Sein Name soll in Israel gerühmt werden. Du wirst jemand haben, der dein Herz erfreut und dich im Alter versorgt; denn deine Schwiegertochter, die dich liebt, hat ihn geboren, sie, die für dich mehr wert ist als sieben Söhne. Noomi nahm das Kind, drückte es an ihre Brust und wurde seine Pflegemutter" (Rut 4,13–16).

Noomi

Die Welt zerbrach
und der Boden gab nach.
Verzweiflung kroch
aus dem schwarzen Loch,
verloren mein Leben und Gut.
Nur Leere und Leid,
nur Hilflosigkeit.
Doch an meiner Seite war Rut.

Bleib nicht zurück,
such dein eigenes Glück!
Jeder versteht,
wenn Rut von mir geht,
statt zu bleiben in Unsicherheit.
Der Pfad, den ich geh,
ist voll Wehmut und Weh,
aber Rut war kein Weg zu weit.

Und sie blickte nach vorn,
und sie sammelte Korn,
und sie schonte sich nicht,
und sie sorgte für mich.
Und jeder spürte die Glut,
die tief in ihr glühte,
und wie sehr sie sich mühte.
Und Gott schaute liebend auf Rut.

Ein Ende der Nacht,
Zukunft gebracht.
Vorbei sind die Sorgen,
ein besseres Morgen:
sein Licht strahlt mir heute schon warm.
Die Zukunft ist gut,
ich danke dir, Rut,
und halte ein Kind im Arm.

„Als die Frau Urijas hörte, dass ihr Mann Urija tot war, hielt sie für ihren Gemahl die Totenklage. Sobald die Trauerzeit vorüber war, ließ David sie zu sich in sein Haus holen. Sie wurde seine Frau und gebar ihm einen Sohn. In den Augen des Herrn aber war böse, was David getan hatte. Natan sagte zu David: (…) Warum hast du das Wort des Herrn verachtet und etwas getan, was ihm missfällt? Du hast Urija mit dem Schwert erschlagen und hast dir seine Frau zur Frau genommen; durch das Schwert der Ammoniter hast du ihn umgebracht. Weil du (…) durch diese Tat den Herrn verworfen hast, muss der Sohn, der dir geboren wird, sterben. Dann ging Natan nach Hause. Der Herr aber schlug das Kind, das die Frau des Urija dem David geboren hatte, und es wurde schwer krank. David suchte Gott wegen des Knaben auf und fastete streng; und wenn er heimkam, legte er sich bei Nacht auf die bloße Erde. Am siebten Tag aber starb das Kind“ (2 Sam 11,26–27; 12,7a.9.14–16.18).

Batseba

Der Mann an der Macht
nimmt, was er will,
ohne zu achten
auf Recht
noch Gefühl.
Die Verantwortung
weist er von sich,
verdeckt sie
schuldhaft
macht er
zunichte
eines anderen Leben und Glück.
Will es nicht gewesen sein,
ist gewohnt,
zu erhalten,
wonach ihn verlangt.

Reumütig,
untröstlich
zerknirscht
ist er nicht lange,
dann sucht sein Sinn
ein neues Ziel.
Nicht sterben wird er,
sich nicht wenden,
keine großen
Gedanken verschwenden.
Seine Strafe zahlt
mein schuldloses Kind.

„Damals kamen zwei Dirnen und traten vor den König. Die eine sagte: Bitte, Herr, ich und diese Frau wohnen im gleichen Haus und ich habe dort in ihrem Beisein geboren. Am dritten Tag nach meiner Niederkunft gebar auch diese Frau. Wir waren beisammen; kein Fremder war bei uns im Haus, nur wir beide waren dort. Nun starb der Sohn dieser Frau während der Nacht; denn sie hatte im Schlaf auf ihm gelegen. Sie stand mitten in der Nacht auf, nahm mir mein Kind weg, während deine Magd schlief, und legte es an ihre Seite. Ihr totes Kind aber legte sie an meine Seite. Als ich am Morgen aufstand, um mein Kind zu stillen, war es tot. Als ich es aber am Morgen genau ansah, war es nicht mein Kind, das ich geboren hatte. Da rief die andere Frau: Nein, mein Kind lebt und dein Kind ist tot. Doch die erste entgegnete: Nein, dein Kind ist tot und mein Kind lebt. So stritten sie vor dem König. Da begann der König: Diese sagt: Mein Kind lebt und dein Kind ist tot! und jene sagt: Nein, dein Kind ist tot und mein Kind lebt. Und der König fuhr fort: Holt mir ein Schwert! Man brachte es vor den König. Nun entschied er: Schneidet das lebende Kind entzwei und gebt eine Hälfte der einen und eine Hälfte der anderen! Doch nun bat die Mutter des lebenden Kindes den König – es regte sich nämlich in ihr die mütterliche Liebe zu ihrem Kind: Bitte, Herr, gebt ihr das lebende Kind und tötet es nicht! Doch die andere rief: Es soll weder mir noch dir gehören. Zerteilt es! Da befahl der König: Gebt jener das lebende Kind und tötet es nicht; denn sie ist seine Mutter" (1 Kön 3,16–27).

Die Dirne vor Salomo

Mein Kind,
unter Schmerzen geboren,
alles, was ich habe.
Meine Freude in einem Leben,
das mir so fremd ist.
Ein Hoffnungsfunken,
Neubeginn,
Liebe so unerwartet.
Ahnung: Es kann anders sein.

Doch jetzt:
Sie will es mir nehmen.
Sagt mein Kind tot
und nimmt es für sich.
Niemals werde ich es lassen!

38

Es ist mir doch
endlich
als Antwort geschenkt,
als Antwort auf mein Gebet.

Sterben soll es?
Töten wollen sie mein Kind!
Mit dem Schwert zerteilen wollen sie
mein Liebstes, mein Kind.
Mit dem Schwert zerteilen könnten sie
genauso gut mein Herz.
So neu in meinem Leben
und schon
ist dieses Kind mein Sinn.

Leben soll es,
leben,
mein Kind,
unter Schmerzen geboren,
alles, was ich habe.
Leben soll es,
wenn auch fern von mir.
Ich gebe frei, was ich liebe,
damit es nicht stirbt.

Und doch:
Jemand greift ein,
jemand schaut auf mich
voll Erbarmen und Huld,
gibt mir
mein Kind.
Als Antwort geschenkt
mir ein zweites Mal.
Als Antwort auf mein Gebet.

„Da erging das Wort des Herrn an Elija: Mach dich auf und geh nach Sarepta, das zu Sidon gehört, und bleib dort! Ich habe dort einer Witwe befohlen, dich zu versorgen. Er machte sich auf und ging nach Sarepta. Als er an das Stadttor kam, traf er dort eine Witwe, die Holz auf-las. Er bat sie: Bring mir in einem Gefäß ein wenig Wasser zum Trinken! Als sie wegging, um es zu holen, rief er ihr nach: Bring mir auch einen Bissen Brot mit! Doch sie sagte: So wahr der Herr, dein Gott, lebt: Ich habe nichts mehr vorrätig als eine Handvoll Mehl im Topf und ein wenig Öl im Krug. Ich lese hier ein paar Stücke Holz auf und gehe dann heim, um für mich und meinen Sohn etwas zuzubereiten. Das wollen wir noch essen und dann sterben. Elija ent-gegnete ihr: Fürchte dich nicht! Geh heim und tu, was du gesagt hast! Nur mache zuerst für mich ein kleines Gebäck und bring es zu mir heraus! Danach kannst du für dich und deinen Sohn etwas zubereiten; denn so spricht der Herr, der Gott Israels: Der Mehltopf wird nicht leer werden und der Ölkrug nicht versiegen bis zu dem Tag, an dem der Herr wieder Regen auf den Erdboden sendet. Sie ging und tat, was Elija gesagt hatte. So hatte sie mit ihm und ihrem Haus viele Tage zu essen. Der Mehltopf wurde nicht leer und der Ölkrug versiegte nicht, wie der Herr durch Elija versprochen hatte“ (1 Kön 17,8–16).

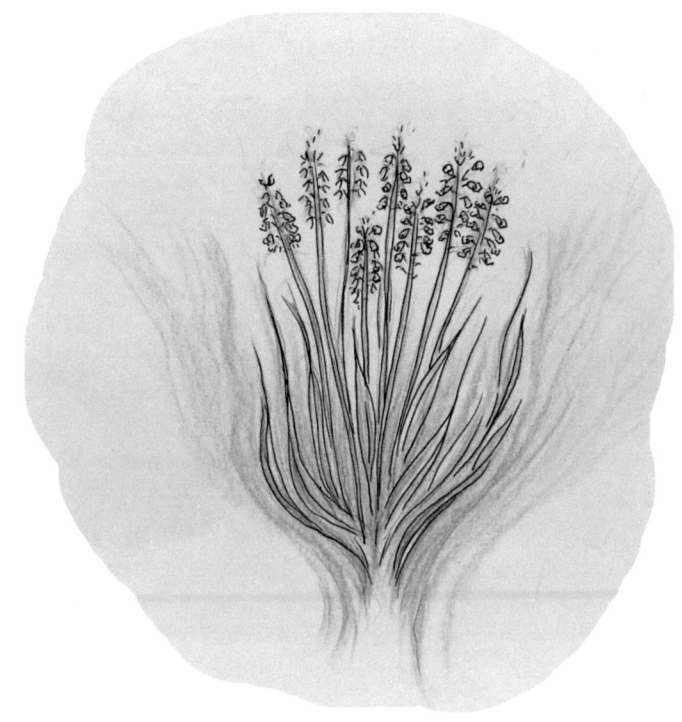

Die Witwe von Sarepta

Die alten Hände greifen das Holz,
wie schwach sie geworden sind!
In besseren Zeiten war ich der Stolz
von meinem Mann und dem Kind.
Doch diese Tage sind lange her,
Mehl und Getreide sind aus.
Das Öl geht zur Neige, die Schüsseln sind leer,
der Tod wohnt schon bei uns im Haus.
Die letzte Mahlzeit backe ich dir,
dann sterben wir in unseren Betten.
Junge, mein Junge, was gäb ich dafür,
könnt ich dein Leben retten!
Und doch ist mir heute, als würde geschehen
ein Ding, das uns helfen wird.
Doch kann ich seine Bedeutung nicht sehen,
es ist sicher mein Herz, das sich irrt.

Etwas zu essen will dieser Mann
von uns, die wir mittellos sind.
Rühre ich ihm eine Speise an,
stehle ich sie von meinem Kind.
Doch er sagt mir, der Herr lohne es schon,
und was haben wir noch zu verlieren?
Ein letzter Hoffnungsfunke, mein Sohn.
Ich will ihm die Speise servieren.
Es helfe uns Gott, ich bitte ihn sehr,
und ich gebe mit offenen Händen.
Junge mein Junge, das Mehl wird nicht leer,
und das Öl aus dem Krug will nicht enden!
Und so ist mir heute, als würde geschehen,
ein Ding, das uns retten wird,
wir haben das Licht des Herrn gesehen
und seine Güte gespürt.

„Schechanja, der Sohn Jehiëls, (…) sagte zu Esra: Ja, wir haben unserem Gott die Treue gebrochen; wir haben fremde Frauen aus der Bevölkerung des Landes geheiratet. Doch auch jetzt gibt es noch Hoffnung für Israel: Wir wollen jetzt mit unserem Gott einen Bund schließen, dass wir alle fremden Frauen samt den von ihnen geborenen Kindern wegschicken nach dem Beschluss des Herrn und aller, die vor dem Gebot unseres Gottes zittern. Man handle nach der Weisung. Da stand Esra auf; er ließ die Obersten der Priester, der Leviten und ganz Israels schwören, nach diesem Vorschlag zu handeln, und sie leisteten den Eid. Dann ließ man in Juda und Jerusalem bei allen Heimkehrern ausrufen, sie sollten sich in Jerusalem versammeln. Da versammelten sich nach drei Tagen alle Männer von Juda und Benjamin in Jerusalem (…). Der Priester Esra stand auf und sagte zu ihnen: Ihr habt einen Treubruch begangen; ihr habt fremde Frauen genommen und so die Schuld Israels noch größer gemacht. So legt nun vor dem Herrn, dem Gott eurer Väter, ein Bekenntnis ab und tut, was er wünscht: Trennt euch von der Bevölkerung des Landes, insbesondere von den fremden Frauen! Darauf antwortete die ganze Versammlung laut: Alles, was du uns gesagt hast, müssen wir tun" (Esra 10,2–3.5.7.9–12).

Die entlassenen Töchter der Nachbarvölker

Mein Zuhause verlassen,
plötzlich
mich losreißen müssen
vom geliebten Mann.
Den Kindern sagen:
Nicht mehr euer Vater!

Obwohl
kein böses Wort gefallen ist
und das Herz
voll Verzweiflung
das Gegenteil schlägt.

Bin ich denn nicht ich,
egal,
wer meine Mutter war
und wer mein Vater?
Was stört euch der Ort,
wo ich geboren bin?
Nicht gleichgut sein,
schmerzt,
leuchtet nicht ein.
Nicht entscheiden dürfen
macht wütend,
fassungslos.

Unverschuldet
das Glück eingebüßt,
alles verloren,
ins Leere gestürzt.

Was aufgebaut,
niedergerissen,
als wäre Krieg.
Im Namen Gottes
herz- und gottlos handeln.
Kein Erbarmen,
kein Gefühl.
Nur das Wort im Blick,
das, festgemeißelt,
unverrückbar,
Grenzen zieht
und Menschen trennt:
Kinder von Vätern,
mich von dir.

„Am selben Tag geschah es Sara, der Tochter Raguëls (…), dass auch sie Spottreden von einer der Mägde ihres Vaters anhören musste. Sie war sieben Männern zur Frau gegeben worden, aber der böse Dämon Aschmodai hatte sie getötet, bevor sie mit ihr zusammengekommen waren (…). Die Magd sagte zu ihr: Du bist es, die deine Männer tötet! Siehe, schon sieben Männern bist du zur Frau gegeben worden und nach keinem von ihnen bist du mit Namen genannt worden. Warum behandelst du uns hart? Wenn deine Männer gestorben sind, so geh mit ihnen! Mögen wir in Ewigkeit weder Sohn noch Tochter von dir sehen! An jenem Tag wurde Sara in der Seele traurig, sie weinte, ging hinauf in das Obergemach ihres Vaters und wollte sich erhängen. Aber sie dachte noch einmal nach und sagte: Niemals sollen sie meinen Vater verspotten und zu ihm sagen: Du hattest eine einzige geliebte Tochter und die hat sich vor Unglück erhängt. Dann würde ich meinen alten Vater noch vor Trauer in die Unterwelt bringen. Ich würde mich viel besser nicht erhängen, sondern den Herrn bitten, dass ich sterbe. Ich möchte in meinem Leben keine Spottreden mehr hören. Zur selben Zeit breitete sie ihre Hände zum Fenster aus, betete und sagte: Gepriesen bist du, barmherziger Gott, und gepriesen ist dein Name in alle Ewigkeit! (…) Jetzt aber habe ich dir mein Angesicht zugewandt und hebe meine Augen auf zu dir. Sprich, dass ich von der Erde Abschied nehmen darf und keine Spottreden mehr hören muss! Aber wenn es dir nicht gut scheint, mich sterben zu lassen, Herr, dann achte jetzt auf meine Schande!" (Tob 3,7–13.15).*

Sara, Tobias' künftige Frau

Seht, seht, Frau, Kind und Mann,
wie tief Sara noch sinken kann!
War sie nicht ihrer Eltern Zier?
Nun ist niemand mehr sicher vor ihr!
Man munkelt von Graus,
man lacht und man schwätzt.
Herr, hol mich raus,
ich bin so verletzt!

Ich fürcht mich im Schlaf,
ich schleppe ein Joch.
Der Fluch, der mich traf,
sie verdoppeln ihn noch.
Die Leute sähen lieber mich tot,
als meine Kinder lebendig.
Es drückt mich die Not,

ich weine inwendig
Liegt es an mir?
Ich flehe zu dir:
Lass das Böse entfliehen!
Der Tod lockt mit Stille,
doch ist es dein Wille:
Lass Sara gesund sein und blühen!

Seht, seht, Frau, Kind und Mann,
wie tief Sara noch sinken kann!
War sie nicht ihrer Eltern Zier?
Nun ist niemand mehr sicher vor ihr!
Man munkelt von Graus,
man lacht und man schwätzt.
Herr, hol mich raus,
ich bin so verletzt!

„Judit hörte von den Vorwürfen des Volkes gegen das Stadtoberhaupt, als es wegen des Wassermangels den Mut verlor. Ebenso erfuhr sie, was Usija den Leuten geantwortet hatte und dass er ihnen unter Eid versprochen hatte, nach Ablauf von fünf Tagen die Stadt an die Assyrer auszuliefern. Da ließ sie durch ihre Dienerin (…) die Ältesten ihrer Heimatstadt, Kabri und Karmi, herbeiholen. Als sie zu ihr kamen, sagte sie zu ihnen: (…) Es war nicht recht, was ihr heute vor dem Volk gesagt habt. Durch diesen Eid, den ihr geschworen habt, habt ihr Gott und euch selbst festgelegt; denn ihr habt erklärt, dass ihr die Stadt unseren Feinden ausliefern wollt, wenn der Herr euch nicht inzwischen Hilfe schickt. Versucht nicht, die Entscheidungen des Herrn, unseres Gottes, zu erzwingen (…). Darum wollen wir die Rettung von ihm erwarten und ihn um Hilfe anrufen. Er wird unser Flehen erhören, wenn es seinem Willen entspricht. (…) Ich will eine Tat vollbringen, von der man noch in fernsten Zeiten den Kindern unseres Volkes erzählen wird. (…). In den Tagen, nach denen ihr gesagt habt, die Stadt unseren Feinden zu übergeben, wird sich der Herr durch meine Hand um Israel kümmern" (Jdt 8,9–11.16–17.32–33).

Judit

Sanft und verträglich,
so war ich täglich,
doch nun spür ich die Agonie.
Man erpresst mein Leute,
man macht uns zur Beute
und der Durst zwingt mein Volk in die Knie.

Geschätzt und geehrt,
in mich gekehrt,
doch Gewalt reißt mich aus meiner Ruh.
Man verweigert uns Recht,
mein Volk wird zum Knecht,
und ich schaue nicht länger zu.

Wer länger noch schweigt,
den Rücken nur beugt,
wie kann er erwarten, zu leben?
Nicht mehr versöhnlich,
ungewöhnlich!
Wir werden uns nicht ergeben!

Lasst uns standhaft sein,
statt ängstlich und klein!
Statt ergeben: mutig und schlau!
Damit unser Leid endet
und heute sich wendet
das Blatt durch die Hand einer Frau.

„Mordechai ließ Ester erwidern: Glaub ja nicht, weil du im Königspalast lebst, könntest du dich als Einzige von allen Juden retten. Wenn du in diesen Tagen schweigst, dann wird den Juden anderswoher Hilfe und Rettung kommen. Du aber und das Haus deines Vaters werden untergehen. Wer weiß, ob du nicht gerade für eine Zeit wie diese jetzt Königin geworden bist? Ester ließ Mordechai antworten: Geh und ruf alle Juden zusammen, die in Susa leben. Fastet für mich! Esst und trinkt drei Tage und Nächte lang nichts! Auch ich und meine Dienerinnen wollen ebenso fasten. Dann will ich zum König gehen, obwohl es gegen das Gesetz verstößt. Wenn ich umkomme, komme ich eben um. (…) Der König sagte (…) zu Ester, als sie beim Wein saßen: Was hast du für eine Bitte, Königin Ester? Sie wird dir erfüllt. (…) Selbst wenn es die Hälfte des Reiches wäre – man wird es dir geben. Königin Ester antwortete: Wenn ich beim König Wohlwollen gefunden habe und wenn es ihm gefällt, dann möge mir und meinem Volk das Leben geschenkt werden. Das ist meine Bitte und mein Wunsch. Denn man hat mich und mein Volk verkauft, um uns auszurotten, hinzumorden und zu vernichten" (Est 4,13–16; 7,2–4a).

Ester

Königin, Königin, Königin,
hast du vergessen, wer ich bin?
Königin, sprich
und schau mir ins Gesicht!
Du bist ja ich,
vergiss das nicht!

Für Silber und Gold und Königsstand
habe ich mich von meinem Volk abgewandt.
Als Frau unter Fremden in Angst und Gefahr
dachte ich nicht daran, wer ich wohl war.
Königin, Königin, Königin,
hast du vergessen, wer ich bin?
Königin, sprich
und schau mir ins Gesicht!
Du bist ja ich,
vergiss das nicht!

Wütet der Mord,
komm ich sicher umhin.
Ich bin schließlich die Königin!
Ergreif ich das Wort,
kann ich alles verlieren.
Soll ich für euch mein Leben riskieren?

Königin, Königin, Königin,
hast du vergessen, wer ich bin?
Königin, sprich
und schau mir ins Gesicht!
Du bist ja ich,
vergiss das nicht!

Gott gab mir eine Stimme,
damit ich reden kann.
Er stärkt mir die Sinne
und treibt mich an.
Vor den König allein
aus Liebe tritt Ester.
Ich steh für uns ein,
ich bin eure Schwester!

Königin, Königin, Königin,
hast du vergessen, wer ich bin?
Königin, sprich
und schau mir ins Gesicht!
Du bist ja ich,
vergiss das nicht!

47

„Gib deine Seele nicht einer Frau hin, sonst tritt sie deine Stärke mit Füßen! Nähere dich nicht einer Frau, die eine Hetäre ist, damit du nicht in ihre Schlingen gerätst! Verkehre nicht mit einer Saitenspielerin, damit du nicht durch ihre Künste gefangen wirst! Wende das Auge von einer wohlgeformten Frau ab und blick nicht begehrlich auf eine fremde Schönheit! Durch die Schönheit einer Frau sind schon viele verführt worden; daran entzündet sich Liebe wie Feuer. Jede Wunde, nur keine Herzenswunde; jede Bosheit, nur keine Frauenbosheit. Die Bosheit einer Frau verändert ihr Aussehen und verfinstert ihr Gesicht wie das einer Bärin. Klein ist jede Bosheit im Vergleich zur Bosheit einer Frau; das Los des Sünders möge sie treffen. Fall nicht herein auf die Schönheit einer Frau und verzehr dich nicht nach einer Frau! Zorn, Schamlosigkeit und große Schande bringt es, wenn eine Frau für ihren Mann aufkommt. Von einer Frau kommt der Anfang der Sünde und durch sie sterben wir alle. Eine schamlose Frau schöpft die Schande aus, eine anständige Tochter hat Scheu auch vor dem eigenen Mann" (Sir 9,2–4.8; 25,13.17. 19.21–22.24; 26,24).

Frauen bei Jesus Sirach

Was hast du für ein Bild von mir?
Bin ich die Intrigantin, die dir, armer Mann,
Schlingen legt?
Dich verzaubert und fängt, zu Bösem verführt?
Bin ich denn nicht
mit Vernunft und Gewissen begabt,
wie du?

Kam die Sünde denn, wie du sagst,
wirklich durch mich in die Welt?
Weil Eva den Apfel nahm
und weitergab?
Hat denn Adam nicht
das Wort „nein" zu sagen gelernt,
genauso wie sie?

Ist meine Bosheit,
Gemeinheit, Gewalt, braver Mann,
so viel schlimmer als deine?
Schau mich an!
Bin ich denn nicht fähig
zu größter Liebe und Freundlichkeit,
so wie du?

Soll ich in Scheu vor dir leben,
statt dir in die Augen zu sehen?
Willst du mich überragen,
statt Hand in Hand zu gehen,
zu tun, was zu tun ist, in Freud und Leid,
gemeinsam?

Was hast du für ein Bild von mir?
Gott hat ein Bild von mir:
Seines.
Sein Abbild bin ich.
Wie du.

„Jesus ging in das Haus des Petrus und sah dessen Schwiegermutter mit Fieber danie-derliegen. Da berührte er ihre Hand und das Fieber wich von ihr, sie stand auf und diente ihm" (Mt 8,14–15).

Die Schwiegermutter des Petrus

He, junger Mann, hören Sie mal!
Ist Ihnen Petri Betragen egal?
Sie wissen wohl nicht,
dass er Pflichten hat!
Und da zieht dieser Wicht
mit der Gang durch die Stadt!
Ich habe gedacht, ich sehe nicht gut!
Und mir ist, ja mir ist heut so elend zumut.

Dieses Talent ist mein Schwiegersohn.
Und er rennt, ja er rennt, meiner Tochter davon!
Er ist ja der Mann meiner Deborah,
und wenn man ihn braucht, ist er sicher nicht da.
Hat vergessen, dass er doch fischen muss.
Er hört Jesu Worte und folgt ihm zu Fuß.
Warum kann der Mann denn nicht tun, was man tut?
Und mir ist, ja mir ist heut so elend zumut.

He junger Mann, was machen Sie da?
Ihre Hand liegt so sachte auf meinem Haar.
Das Fieber ist weg, die Krankheit zieht aus.
Seien Sie herzlich willkommen im Haus!
Setzen Sie sich, Sie müssen nicht stehen.
Nun kann ich auch Petrus besser verstehen.
Jetzt glaub ich an Jesus, alles wird gut!
Und mir ist überhaupt nicht mehr elend zumut.

„Während Jesus so mit ihnen redete, siehe, da kam ein Synagogenvorsteher, fiel vor ihm nieder und sagte: Meine Tochter ist eben gestorben; komm doch, leg ihr deine Hand auf und sie wird leben! Jesus stand auf und folgte ihm mit seinen Jüngern. Als Jesus in das Haus des Synagogenvorstehers kam und die Flötenspieler und die Menge der klagenden Leute sah, sagte er: Geht hinaus! Das Mädchen ist nicht gestorben, es schläft nur. Da lachten sie ihn aus. Als man die Leute hinausgeworfen hatte, trat er ein und fasste das Mädchen an der Hand; da stand es auf. Und die Kunde davon verbreitete sich in der ganzen Gegend" (Mt 9,18–19.23–26).

Die Tochter des Synagogenvorstehers

Lass mich aufstehen vom Tod,
nach der langen Nacht
wieder Licht sehen,
nach vorne gehen,
Ketten sprengen,
abschütteln, was mich lähmt.

Lass mich aufstehen vom Tod,
glauben,
dass es ein Morgen gibt,
dass jemand mich liebt,
die Krankheit vergessen,
meine Kraft wieder spüren.

Lass mich aufstehen vom Tod,
ins Leben tanzen,
Dinge ausprobieren,
freudig galoppieren,
fliegen und lachen,
nie mehr liegenbleiben.

Lass mich aufstehen vom Tod,
lass mich neu beginnen,
nie mehr wieder sterben,
deinen Frieden erben.
Dir ewig danken.
Ich spürte deine Hand und war frei.

„Herodes hatte Johannes festnehmen und in Ketten ins Gefängnis werfen lassen wegen der Herodias, der Frau seines Bruders Philippus. Denn Johannes hatte zu ihm gesagt: Es ist dir nicht erlaubt, sie zur Frau zu haben. Dieser wollte ihn töten lassen, fürchtete sich aber vor dem Volk; denn man hielt Johannes für einen Propheten. Als aber der Geburtstag des Herodes war, tanzte die Tochter der Herodias vor ihnen. Und sie gefiel Herodes, sodass er mit einem Eid zusagte, ihr zu geben, was immer sie sich wünschte. Sie aber, angestiftet von ihrer Mutter, sagte: Gib mir hier auf einer Schale den Kopf Johannes' des Täufers! Und der König, der traurig wurde wegen der Eide und wegen der Gäste, befahl, den Kopf zu bringen. Und er schickte und ließ Johannes im Gefängnis enthaupten. Man brachte seinen Kopf auf einer Schale und gab ihn dem Mädchen und sie brachte ihn ihrer Mutter" (Mt 14,3–11).

Die Tochter der Herodias

Einen Wunsch hab ich frei
beim großen König,
das bedeutet nicht wenig,
denn was immer es sei,
ich werd es bekommen,
das habt ihr vernommen.

Sei es ein halbes Königreich,
ein eigenes schneeweißes Pferd,
Kleider und Perlen, ein Kissen so weich:
Der Wunsch wird mir sicher gewährt.

Einen Wunsch hab ich frei.
Doch was wähle ich nur?
Ein Paar Schuhe aus Gold, eine Sonnenuhr?
Einen Hund oder zwei?
Wer hilft mir bei dem großen Entscheid?
Meine Mutter weiß Rat jederzeit.

Sei es ein halbes Königreich,
ein eigenes schneeweißes Pferd,
Kleider und Perlen, ein Kissen so weich:
Der Wunsch wird mir sicher gewährt.

Ich halte den Teller und sehe ihn an.
Mutter, ich frage mich nun:
Was hat dein Wunsch mit mir zu tun?
Mein freier Wunsch ist vertan.
Ich wünsche mir plötzlich, von Schrecken verzehrt,
man hätte mir nie einen Wunsch gewährt.

„Als sie sich Jerusalem näherten und nach Betfage am Ölberg kamen, schickte Jesus zwei Jünger aus und sagte zu ihnen: Geht in das Dorf, das vor euch liegt; dort werdet ihr eine Eselin angebunden finden und ein Fohlen bei ihr. Bindet sie los und bringt sie zu mir! Und wenn euch jemand zur Rede stellt, dann sagt: Der Herr braucht sie, er lässt sie aber bald zurückbringen. Das ist geschehen, damit sich erfüllte, was durch den Propheten gesagt worden ist: Sagt der Tochter Zion: Siehe, dein König kommt zu dir. Er ist sanftmütig und er reitet auf einer Eselin und auf einem Fohlen, dem Jungen eines Lasttiers. Die Jünger gingen und taten, wie Jesus ihnen aufgetragen hatte. Sie brachten die Eselin und das Fohlen, legten ihre Kleider auf sie und er setzte sich darauf. Viele Menschen breiteten ihre Kleider auf dem Weg aus, andere schnitten Zweige von den Bäumen und streuten sie auf den Weg. Die Leute aber, die vor ihm hergingen und die ihm nachfolgten, riefen: Hosanna dem Sohn Davids! Gesegnet sei er, der kommt im Namen des Herrn. Hosanna in der Höhe! Als er in Jerusalem einzog, erbebte die ganze Stadt und man fragte: Wer ist dieser? Die Leute sagten: Das ist der Prophet Jesus von Nazaret in Galiläa" (Mt 21,1–11).

Die Eselin in Jerusalem

Schau, mein Kind,
Jesus kommt!
Nicht nur für die Großen,
die in die Höhe heben.
Nicht nur für die Starken,
die schwere Wagen ziehen.
Nicht nur für die Feinen,
die den Glanz verleihen.

Schau, mein Kind,
Jesus kommt!
Er hat gewusst, dass wir beide
hier angebunden sind.
Arm und zufrieden,
Mutter und Kind.
Wer hätte gedacht,
dass er an uns denkt?

Schau, mein Kind,
Jesus kommt.
Zu uns und allen.
Doch wer winkt mit Palmen,
wer jubelt ihm zu,
wer trägt ihn auf Händen,
wenn der Wind rauer weht,
es dunkel wird in Jerusalem?

Gedenke, mein Kind,
Jesus war da,
bei dir und bei mir.
Vergiss es nie.
Jesus getragen,
auf dem Rücken, im Herzen.
Jeder Zweig, an dem wir nagen,
wird ein Palmwedel sein.

Die fünf klugen Jungfrauen

Kommt, nehmt eure Sachen mit,
die Stunde hat geschlagen.
Es soll uns nicht die Kraft ausgehen.
wir wollen nicht versagen.
Keiner weiß, wann er sich zeigt.
Wir woll'n nicht,
wenn das Öl sich neigt,
allein im Dunkeln stehen.

Kommt, nehmt eure Sachen mit,
kein Tropfen sei vergeudet.
Jetzt ist die Stunde, ist die Zeit,
wo alles sich entscheidet.
Genug ist heute nicht zu viel,
gebt alles für das große Ziel!
Ihr Frauen, seid bereit!

Nichts darf schiefgehen,
habt gut Acht!
Erst, wenn wir ihn kommen sehen,
ist das Werk vollbracht.

Ihr Frauen, höret her:
Manchmal gibt es kein Zurück,
keine zweite Chance mehr,
kein neues Fünkchen Glück.

Kommt, nehmt eure Sachen mit,
die Feuer sind entfacht,
doch sie werden nicht genährt,
die Flamme ist schon schwach.
Der letzte Tropfen aufgebraucht,
seht zu, dass man euch Öl verkauft,
ihr Frauen, machet kehrt!

Kommt er jetzt?
Der Bräutigam!
Im wichtigsten Moment
kommt es auf dein Feuer an.
Das Feuer, das du in dir spürst,
das Feuer, das du nährst und schürst,
Sieh, dass dein Feuer brennt!

„Mit dem Himmelreich wird es sein wie mit zehn Jungfrauen, die ihre Lampen nahmen und dem Bräutigam entgegengingen. Fünf von ihnen waren töricht und fünf waren klug. Die Törichten nahmen ihre Lampen mit, aber kein Öl, die Klugen aber nahmen mit ihren Lampen noch Öl in Krügen mit. Als nun der Bräutigam lange nicht kam, wurden sie alle müde und schliefen ein. Mitten in der Nacht aber erscholl der Ruf: Siehe, der Bräutigam! Geht ihm entgegen! Da standen die Jungfrauen alle auf und machten ihre Lampen zurecht. Die törichten aber sagten zu den klugen: Gebt uns von eurem Öl, sonst gehen unsere Lampen aus! Die Klugen erwiderten ihnen: Dann reicht es nicht für uns und für euch; geht lieber zu den Händlern und kauft es euch! Während sie noch unterwegs waren, um es zu kaufen, kam der Bräutigam. Die Jungfrauen, die bereit waren, gingen mit ihm in den Hochzeitssaal und die Tür wurde zugeschlossen. Später kamen auch die anderen Jungfrauen und riefen: Herr, Herr, mach uns auf! Er aber antwortete ihnen und sprach: Amen, ich sage euch: Ich kenne euch nicht. Seid also wachsam! Denn ihr wisst weder den Tag noch die Stunde" (Mt 25,1–13).

„Während Pilatus auf dem Richterstuhl saß, sandte seine Frau zu ihm und ließ ihm sagen: Habe du nichts zu schaffen mit jenem Gerechten! Ich habe heute seinetwegen im Traum viel gelitten. Inzwischen überredeten die Hohepriester und die Ältesten die Menge, die Freilassung des Barabbas zu fordern, Jesus aber hinrichten zu lassen. Der Statthalter fragte sie: Wen von beiden soll ich freilassen? Sie riefen: Barabbas! Pilatus sagte zu ihnen: Was soll ich dann mit Jesus tun, den man den Christus nennt? Da antworteten sie alle: Ans Kreuz mit ihm! Er erwiderte: Was für ein Verbrechen hat er denn begangen? Sie aber schrien noch lauter: Ans Kreuz mit ihm! Als Pilatus sah, dass er nichts erreichte, sondern dass der Tumult immer größer wurde, ließ er Wasser bringen, wusch sich vor allen Leuten die Hände und sagte: Ich bin unschuldig am Blut dieses Menschen. Das ist eure Sache! Da rief das ganze Volk: Sein Blut – über uns und unsere Kinder! Darauf ließ er Barabbas frei, Jesus aber ließ er geißeln und lieferte ihn aus zur Kreuzigung" (Mt 27,19–26).

Die Frau des Pilatus

Pontius, oh Pontius,
höre mich an:
Der Mann, den du schlägst,
hat kein Unrecht getan!
Du läufst in die Irre,
du handelst nicht gut,
befleckst deinen Namen
mit schuldlosem Blut.

Wie sehr du auch rennst,
die Tat ist zu groß.
Was du heute verhängst,
wirst du nie wieder los.

Pontius, oh Pontius,
sie benutzen dich nur.
Du bist Marionette,
du tanzt an der Schnur.
Ergreif deinen Mut
und lass Jesus frei!
Die gnadlose Zeit
geht sonst nie mehr vorbei.

Wie sehr du auch reibst,
die Hand wird nicht rein.
Was du heute treibst,
wird man niemals verzeih'n.

Pontius, oh Pontius,
der Mann, der hier steht,
ist voller Güte,
mehr als ein Prophet.
Ich sah ihn im Traum
und sein Anspruch ist echt.
Nutz deine Macht
und handle gerecht.

Und gibst du klein bei,
schickst ihn todeswärts,
ist die Chance vorbei
und du brichst mir das Herz.

„Eine Frau, deren Tochter von einem unreinen Geist besessen war, hörte von Jesus; sie kam sogleich herbei und fiel ihm zu Füßen. Die Frau, von Geburt Syrophönizierin, war eine Heidin. Sie bat ihn, aus ihrer Tochter den Dämon auszutreiben. Da sagte er zu ihr: Lasst zuerst die Kinder satt werden; denn es ist nicht recht, das Brot den Kindern wegzunehmen und den kleinen Hunden vorzuwerfen. Sie erwiderte ihm: Herr! Aber auch die kleinen Hunde unter dem Tisch essen von den Brotkrumen der Kinder. Er antwortete ihr: Weil du das gesagt hast, sage ich dir: Geh nach Hause, der Dämon hat deine Tochter verlassen! Und als sie nach Hause kam, fand sie das Kind auf dem Bett liegen und sah, dass der Dämon es verlassen hatte" (Mk 7,25–30).

Die heidnische Frau

Glaubst du, dass ich glaube?
Ich glaube, dass du kannst.
Du kannst heilen,
mit mir teilen,
der das Böse du so oft bezwangst.

Glaubst du, dass ich glaube?
Ich glaube, dass du willst,
dass kein Kind des Glücks beraubt,
egal, an welchen Gott es glaubt,
und du den Kummer stillst.

Glaubst du, dass ich glaube?
Ich glaube, dass du bist,
zu dem die ganze Schöpfung singt,
der den Menschen Rettung bringt,
was immer das auch ist.

Glaubst du, dass ich glaube?
Ich glaube an den Sinn,
dass wir hier zusammen sind,
ich bitte dich, hilf meinem Kind,
egal, wer ich auch bin.

„Als Jesus in Betanien im Haus Simons des Aussätzigen zu Tisch war, kam eine Frau mit einem Alabastergefäß voll echtem, kostbarem Nardenöl, zerbrach es und goss das Öl über sein Haupt. Einige aber wurden unwillig und sagten zueinander: Wozu diese Verschwendung? Man hätte das Öl um mehr als dreihundert Denare verkaufen und das Geld den Armen geben können. Und sie fuhren die Frau heftig an. Jesus aber sagte: Hört auf! Warum lasst ihr sie nicht in Ruhe? Sie hat ein gutes Werk an mir getan. Denn die Armen habt ihr immer bei euch und ihr könnt ihnen Gutes tun, sooft ihr wollt; mich aber habt ihr nicht immer. Sie hat getan, was sie konnte. Sie hat im Voraus meinen Leib für das Begräbnis gesalbt. Amen, ich sage euch: Auf der ganzen Welt, wo das Evangelium verkündet wird, wird man auch erzählen, was sie getan hat, zu ihrem Gedächtnis“ (Mk 14,3–9).

Die Frau der Salbung in Betanien

Jesus meine Liebe zeigen,
eine Flut von Gefühl.
Nichts ist zu kostbar,
zu wertvoll dafür.

Alles auf eine Karte setzen,
jetzt, wo er da ist,
dieses eine Mal.
Das Beste: kaum gut genug.

Mit Händen berühren,
wo eure Worte kalt lassen.
Aus Liebe handeln,
wo eure Herzen so träge sind.

Erzürnt euch,
dass ich eine Frau bin?
Dass nicht ihr bestimmt,
was hier geschieht?

Dass eine Frau die Hand auflegt,
hintritt vor den Herrn,
den salbt,
der verlassen stirbt?

Die Salbung sagt: Du bist geliebt.
Unendlich kostbar bist du mir.
Nicht Spott, nicht Gewalt
kann dir deine Würde nehmen.

Auch wenn du bald
deinen Kreuzweg gehst,
voll Demut und Einsamkeit.
Die Salbung sagt dir: Königskind!

Ihr Männer:
Wenn ihr aus Falschheit sprecht, schweigt!
Sagt nicht in Jesu Angesicht
Worte des Neids und der Kälte.

Jesus, der die Herzen kennt,
steht bei den Liebenden, Leidenden,
ungerecht Behandelten.
Wisst ihr nichts von ihm?

Und ich: Ich hab nicht viel zu geben,
doch was ich habe, gebe ich ihm.
Ich stehe ihm bei
in tiefster Not.

„Jesus schrie mit lauter Stimme. Dann hauchte er den Geist aus. Als der Hauptmann, der Jesus gegenüberstand, ihn auf diese Weise sterben sah, sagte er: Wahrhaftig, dieser Mensch war Gottes Sohn. Auch einige Frauen sahen von Weitem zu, darunter Maria aus Magdala, Maria, die Mutter von Jakobus dem Kleinen und Joses, sowie Salome; sie waren Jesus schon in Galiläa nachgefolgt und hatten ihm gedient. Noch viele andere Frauen waren dabei, die mit ihm nach Jerusalem hinaufgezogen waren" (Mk 15,37.39–41).

Salomé

Sie sagen,
zum Leben gehört
das Sterben.
Welch seltsamer Trost!
Sie sagen,
du hast den Weg
selbst gewählt,
ihn auf dich genommen,
dein Leben riskiert,
im Wissen,
dass du sterben wirst.
Soll das meine Trauer
erleichtern,
auch nur um ein Gramm?
Tut es nicht.
Ich weine um dich.
Dass du leidest und stirbst,
reißt mir ein Loch ins Herz.
Kein Trost kann mich trösten,
kein Wort mich beruhigen.
Wahnsinn und Grausamkeit.
Du, den ich liebe, stirbst,
und ich kann nicht mehr,
als hier stehen
und bei dir sein.
Doch das tue ich.
Bedingungslos.

Elisabet

Schau Zacharias,
unser Sohn.
Ist er nicht wundersam kostbar?
Das lange Warten fand seinen Lohn,
der Junge, der endlich mein Trost war.
Er schläft, vielleicht träumt er von einer Zeit,
in der er ganz auf den Herrn setzt.
Noch ist sie so weit,
noch ist sie nicht jetzt.
Schlaf, kleiner Junge, schlaf ein,
dein Lebensweg beginnt.
Mein Wüstenfüchslein,
Gotteskind.

Schau, Zacharias,
welch wichtigen Plan
hat der Herr mit uns beiden!
Er vertraut uns etwas so Schönes an,
wir dürfen Johannes begleiten.
Schlaf kleiner Junge, was immer auch sei,
der Herr ist dein Schutz und dein Licht.
Und das, was wir können, das tun wir für dich,
wir stehn dir so gut es geht bei.
Schlaf, kleiner Junge, schlaf ein,
dein Lebensweg beginnt.
Mein Wüstenfüchslein,
Gotteskind.

„Für Elisabet aber erfüllte sich die Zeit, dass sie gebären sollte, und sie brachte einen Sohn zur Welt. Ihre Nachbarn und Verwandten hörten, welch großes Erbarmen der Herr ihr erwiesen hatte, und freuten sich mit ihr. Und es geschah: Am achten Tag kamen sie zur Beschneidung des Kindes und sie wollten ihm den Namen seines Vaters Zacharias geben. Seine Mutter aber widersprach und sagte: Nein, sondern er soll Johannes heißen. Sie antworteten ihr: Es gibt doch niemanden in deiner Verwandtschaft, der so heißt. Da fragten sie seinen Vater durch Zeichen, welchen Namen das Kind haben solle. Er verlangte ein Schreibtäfelchen und schrieb darauf: Johannes ist sein Name. Und alle staunten. Im gleichen Augenblick konnte er Mund und Zunge wieder gebrauchen und er redete und pries Gott. Und alle ihre Nachbarn gerieten in Furcht und man sprach von all diesen Dingen im ganzen Bergland von Judäa. Alle, die davon hörten, nahmen es sich zu Herzen und sagten: Was wird wohl aus diesem Kind werden? Denn die Hand des Herrn war mit ihm. Das Kind wuchs heran und wurde stark im Geist. Und es lebte in der Wüste bis zu dem Tag, an dem es seinen Auftrag für Israel erhielt“ (Lk 1,57–66.80).

„Es geschah aber in jenen Tagen, dass Kaiser Augustus den Befehl erließ, den ganzen Erdkreis in Steuerlisten einzutragen. (…) Damals war Quirinius Statthalter von Syrien. Da ging jeder in seine Stadt, um sich eintragen zu lassen. So zog auch Josef von der Stadt Nazaret in Galiläa hinauf nach Judäa in die Stadt Davids, die Betlehem heißt; denn er war aus dem Haus und Geschlecht Davids. Er wollte sich eintragen lassen mit Maria, seiner Verlobten, die ein Kind erwartete. Es geschah, als sie dort waren, da erfüllten sich die Tage, dass sie gebären sollte, und sie gebar ihren Sohn, den Erstgeborenen. Sie wickelte ihn in Windeln und legte ihn in eine Krippe, weil in der Herberge kein Platz für sie war. In dieser Gegend lagerten Hirten auf freiem Feld und hielten Nachtwache bei ihrer Herde. Da trat ein Engel des Herrn zu ihnen und die Herrlichkeit des Herrn umstrahlte sie und sie fürchteten sich sehr. Der Engel sagte zu ihnen: Fürchtet euch nicht, denn siehe, ich verkünde euch eine große Freude, die dem ganzen Volk zuteilwerden soll: Heute ist euch in der Stadt Davids der Retter geboren; er ist der Christus, der Herr. Und das soll euch als Zeichen dienen: Ihr werdet ein Kind finden, das, in Windeln gewickelt, in einer Krippe liegt. Und plötzlich war bei dem Engel ein großes himmlisches Heer, das Gott lobte und sprach: Ehre sei Gott in der Höhe und Friede auf Erden den Menschen seines Wohlgefallens. So eilten die Hirten hin und fanden Maria und Josef und das Kind, das in der Krippe lag. Als sie es sahen, erzählten sie von dem Wort, das ihnen über dieses Kind gesagt worden war. Und alle, die es hörten, staunten über das, was ihnen von den Hirten erzählt wurde. Maria aber bewahrte alle diese Worte und erwog sie in ihrem Herzen" (Lk 1,1–14.16–19).

Maria, die Mutter Jesu

Sohn,
mir ist so heilig zumut!
In dieser Nacht,
in der das Sternenzelt lacht,
glaub ich, alles ist gut.
Gesandt auf eine große Mission,
als Heiland der Welt,
zum König erwählt,
bist du, kleiner Sohn.

Es kniet
an deiner Krippe der Hirt.
Das Schäfchen hält inne
mit andächt'gem Sinne.
Oh, wie still alles wird!
Nie hab ich etwas Schön'res gesehen.
Heute Nacht kann ich glauben,
es hören die Tauben,
Schmerz und Krankheit vergehen.

Mein Kind,
du bist zerbrechlich und klein,
geborgen und froh
auf Windeln und Stroh.
Doch wer wirst du sein?

Bist du Retter und Held,
aller Menschen Trost?
Schweigt der Wind, wenn du drohst,
oder bist du verkannt von der Welt?

Nur Gott
weiß, welcher Weg vor dir liegt.
Ist er freundlich und eben
oder lebst du ein Leben,
das dich schüttelt und biegt?
Und wird jeder Mensch dich verstehen?
Werden sie dein Wort hören,
werden sie dich verehren
oder zürnen und gehen?

Wirst du Menschen erlösen?
Vergilt man Gutes mit Bösem?
Wird man über dich streiten
oder heilst du das Leiden?
Bringst du Licht in die Stadt?
Wird man Fronten errichten
oder über dich dichten,
wie man keinen König besungen hat?
Meine Liebe, sie fliegt krippewärts.
Sohn, mir ist so heilig ums Herz!

Die Prophetin Hanna

Wenn mir die Zeit durch die Hände rinnt,
habe ich manchmal Zweifel verspürt.
Nicht daran, dass der Herr existiert,
nur daran, dass er sich noch unsrer entsinnt.

Doch was wäre mein Leben ohne dich, Herr?
So hilflos, verloren und klein.
Wie ein zielloses, leeres Boot auf dem Meer,
doch verloren will ich nicht sein.

Ich warte und warte und warte auf dich,
all die Zeit, die mir noch bleibt.
Ich flehe dich an: Erhöre mich!
Siehst du nicht, wie mein Leben sich neigt?

So viel Kummer und Tränen, Elend und Leid
und so viel Geschwätz, das nichts nützt.
Ich frage dich ehrlich, wann ist es soweit,
dass du uns erlöst und beschützt?

Da erblicke ich ihn, und mein Herz schlägt wild
in meiner wunden Brust.
Noch nie habe ich so etwas Großes gefühlt!
Ich habe es immer gewusst:

Dass du doch noch an uns denkst,
davon künden alle Geschichten,
dass du uns einmal das Wunder schenkst,
ich will allen davon berichten.

Der Gott unseres Lebens hat mit uns Erbarmen,
bringt Hilfe für alle, die traurig sind.
Ich halte ihn staunend und froh in den Armen:
Der Trost dieser Welt ist ein Kind.

„Als sich die Tage der vom Gesetz des Mose vorgeschriebenen Reinigung erfüllt hatten, brachten sie das Kind nach Jerusalem hinauf, um es dem Herrn darzustellen, wie im Gesetz des Herrn geschrieben ist: Jede männliche Erstgeburt soll dem Herrn heilig genannt werden. Damals lebte auch Hanna, eine Prophetin, eine Tochter Penuëls, aus dem Stamm Ascher. Sie war schon hochbetagt. Als junges Mädchen hatte sie geheiratet und sieben Jahre mit ihrem Mann gelebt; nun war sie eine Witwe von vierundachtzig Jahren. Sie hielt sich ständig im Tempel auf und diente Gott Tag und Nacht mit Fasten und Beten. Zu derselben Stunde trat sie hinzu, pries Gott und sprach über das Kind zu allen, die auf die Erlösung Jerusalems warteten. Als seine Eltern alles getan hatten, was das Gesetz des Herrn vorschreibt, kehrten sie nach Galiläa in ihre Stadt Nazaret zurück. Das Kind wuchs heran und wurde stark, erfüllt mit Weisheit und Gottes Gnade ruhte auf ihm" (Lk 2,22–23.36–40).

„Während Jesus auf dem Weg war, drängten sich die Menschen eng um ihn. Da war eine Frau, die schon seit zwölf Jahren an Blutfluss litt, ihren ganzen Lebensunterhalt für Ärzte aufgewandt hatte und von niemandem geheilt werden konnte. Sie trat von hinten heran und berührte den Saum seines Gewandes. Im gleichen Augenblick kam der Blutfluss zum Stillstand. Da fragte Jesus: Wer hat mich berührt? Es hat mich jemand berührt; denn ich fühlte, wie eine Kraft von mir ausströmte. Als die Frau merkte, dass sie nicht verborgen bleiben konnte, kam sie zitternd herbei, fiel vor ihm nieder und erzählte vor dem ganzen Volk, warum sie ihn berührt hatte und wie sie sofort geheilt worden war. Da sagte er zu ihr: Tochter, dein Glaube hat dich gerettet. Geh in Frieden!" (Lk 8,40b–45a.46b–48).

Die Frau mit der Blutung

Kann mir denn
keiner helfen?
Es fließt
alles Leben
aus mir heraus.

Kann mir denn
keiner helfen?
Doch, einer!
Es fließt
alle Heilung
aus ihm heraus.

Herr, zürne nicht,
dass ich so gierig trank.
Die Verzweiflung schrie:
Vergiss mich nicht!
Der Glaube sagte:
Komm!

Kann mir denn
keiner helfen?
Doch, du!
Es fließt
meine Liebe dir entgegen
und der Friede in mein Herz.

Maria von Betanien

Lass mich müßig sein,
liebe Schwester,
nur dieses eine Mal.
Lass mich sitzen und schauen
und hören,
ganz da sein,
unabgelenkt,
alles hineinlegen in diesen Moment.
Ich habe etwas gesucht
und finde es jetzt.
Ich habe etwas gebraucht
und bekomme es jetzt.
Einmal Glückseligkeit,
einmal jetzt-oder-nie.
Reiß mich nicht weg,
liebe Schwester,
lass mich müßig sein,
nur dieses eine Mal.
Ich verspreche dir,
ich spüle danach
das Geschirr die ganze Nacht,
putze, fege und wasche
und koche die ganze Woche,
stopfe deine Pantoffeln
mit heiterem Sinn,
zehre mein Leben lang
aus diesem Augenblick.
Doch lass mich müßig sein,
nur für jetzt.

„Als sie weiterzogen, kam Jesus in ein Dorf. Eine Frau namens Marta nahm ihn gastlich auf. Sie hatte eine Schwester, die Maria hieß. Maria setzte sich dem Herrn zu Füßen und hörte seinen Worten zu. Marta aber war ganz davon in Anspruch genommen zu dienen. Sie kam zu ihm und sagte: Herr, kümmert es dich nicht, dass meine Schwester die Arbeit mir allein überlässt? Sag ihr doch, sie soll mir helfen! Der Herr antwortete: Marta, Marta, du machst dir viele Sorgen und Mühen. Aber nur eines ist notwendig. Maria hat den guten Teil gewählt, der wird ihr nicht genommen werden" (Lk 10,38–42).

„Jesus kam zu einer Stadt in Samarien, die Sychar hieß und nahe bei dem Grundstück lag, das Jakob seinem Sohn Josef vermacht hatte. Dort befand sich der Jakobsbrunnen. Jesus war müde von der Reise und setzte sich daher an den Brunnen; es war um die sechste Stunde. Da kam eine Frau aus Samarien, um Wasser zu schöpfen. Jesus sagte zu ihr: Gib mir zu trinken! (…). Die Samariterin sagte zu ihm: Wie kannst du als Jude mich, eine Samariterin, um etwas zu trinken bitten? Die Juden verkehren nämlich nicht mit den Samaritern. Jesus antwortete ihr: Wenn du wüsstest, worin die Gabe Gottes besteht und wer es ist, der zu dir sagt: Gib mir zu trinken!, dann hättest du ihn gebeten und er hätte dir lebendiges Wasser gegeben. Sie sagte zu ihm: Herr, du hast kein Schöpfgefäß und der Brunnen ist tief; woher hast du also das lebendige Wasser? (…) Jesus antwortete ihr: Wer von diesem Wasser trinkt, wird wieder Durst bekommen; wer aber von dem Wasser trinkt, das ich ihm geben werde, wird niemals mehr Durst haben; vielmehr wird das Wasser, das ich ihm gebe, in ihm zu einer Quelle werden, deren Wasser ins ewige Leben fließt. Da sagte die Frau zu ihm: Herr, gib mir dieses Wasser, damit ich keinen Durst mehr habe und nicht mehr hierherkommen muss, um Wasser zu schöpfen! Er sagte zu ihr: Geh, ruf deinen Mann und komm wieder her! Die Frau antwortete: Ich habe keinen Mann. Jesus sagte zu ihr: Du hast richtig gesagt: Ich habe keinen Mann. Denn fünf Männer hast du gehabt und der, den du jetzt hast, ist nicht dein Mann. Damit hast du die Wahrheit gesagt. Die Frau sagte zu ihm: Herr, ich sehe, dass du ein Prophet bist. Unsere Väter haben auf diesem Berg Gott angebetet; ihr aber sagt, in Jerusalem sei die Stätte, wo man anbeten muss. Jesus sprach zu ihr: Glaube mir, Frau, die Stunde kommt, zu der ihr weder auf diesem Berg noch in Jerusalem den Vater anbeten werdet. Gott ist Geist und alle, die ihn anbeten, müssen im Geist und in der Wahrheit anbeten. Die Frau sagte zu ihm: Ich weiß, dass der Messias kommt, der Christus heißt. Wenn er kommt, wird er uns alles verkünden. Da sagte Jesus zu ihr: Ich bin es, der mit dir spricht" (Joh 4,5–7.9–11.13–21.24–26).

Die Frau am Jakobsbrunnen

Einer sieht mich
und schaut mich an.
Einer hat Zeit für mich.
Einer kennt mich,
erkennt mich,
verurteilt nicht.

Was will er von mir,
was redet er da?
Er diskutiert mit mir,
fragt mich,

hört meine Fragen.
Geht es um mich,
tatsächlich um mich?

Einer versteht mich,
verändert mich,
weil er mich nimmt, wie ich bin.
Mich nicht durchwinkt,
mich nicht abhakt,
mich zu Wort kommen lässt,
den Finger in die Wunde legt.

Oh, könnt ich immer mit ihm reden,
Auge in Auge,
Angesicht zu Angesicht,
Mensch zu Mensch.
Oh könnt ich immer sein Wasser trinken,
Sehnsucht stillen,
mich selber finden,
nichts mehr brauchen,
was ihn löscht, den verzehrenden Durst.

Einer kennt keine Grenzen,
schaut hin,
ganz tief.
Einer sitzt am Brunnen
und sieht
bis auf den Grund.

„Am frühen Morgen begab Jesus sich wieder in den Tempel. Alles Volk kam zu ihm. Er setzte sich und lehrte es. Da brachten die Schriftgelehrten und die Pharisäer eine Frau, die beim Ehebruch ertappt worden war. Sie stellten sie in die Mitte und sagten zu ihm: Meister, diese Frau wurde beim Ehebruch auf frischer Tat ertappt. Mose hat uns im Gesetz vorgeschrieben, solche Frauen zu steinigen. Was sagst du? Mit diesen Worten wollten sie ihn auf die Probe stellen, um einen Grund zu haben, ihn anzuklagen. Jesus aber bückte sich und schrieb mit dem Finger auf die Erde. Als sie hartnäckig weiterfragten, richtete er sich auf und sagte zu ihnen: Wer von euch ohne Sünde ist, werfe als Erster einen Stein auf sie. Und er bückte sich wieder und schrieb auf die Erde. Als sie das gehört hatten, ging einer nach dem anderen fort, zuerst die Ältesten. Jesus blieb allein zurück mit der Frau, die noch in der Mitte stand. Er richtete sich auf und sagte zu ihr: Frau, wo sind sie geblieben? Hat dich keiner verurteilt? Sie antwortete: Keiner, Herr. Da sagte Jesus zu ihr: Auch ich verurteile dich nicht. Geh und sündige von jetzt an nicht mehr!" (Joh 8,2–11).

Die Ehebrecherin

Du verurteilst mich nicht,
und du machst die verlegen,
die über mich reden,
und ein bisschen auch mich.

Du verurteilst mich nicht.
Du schützt mich heute
vor der hungrigen Meute
und gibst mir Zuversicht.

Du verurteilst mich nicht,
vor dir darf ich sein,
keiner hebt einen Stein
und wirft ihn auf mich.

Du verurteilst mich nicht.
Du schenkst mir das Leben,
statt mich preiszugeben,
veränderst du mich.

Du verurteilst mich nicht.
Du machst mir Mut,
ich nutze ihn gut
und höre auf dich.

„Ein Mann war krank, Lazarus aus Betanien, dem Dorf der Maria und ihrer Schwester Marta. Daher sandten die Schwestern Jesus die Nachricht: Herr, sieh: Der, den du liebst, er ist krank. Als Jesus das hörte, sagte er: Diese Krankheit führt nicht zum Tod, sondern dient der Verherrlichung Gottes. (…) Jesus liebte aber Marta, ihre Schwester und Lazarus. Als er hörte, dass Lazarus krank war, blieb er noch zwei Tage an dem Ort, wo er sich aufhielt. Danach sagte er zu den Jüngern: Lasst uns wieder nach Judäa gehen. Als Marta hörte, dass Jesus komme, ging sie ihm entgegen, Maria aber blieb im Haus sitzen. Marta sagte zu Jesus: Herr, wärst du hier gewesen, dann wäre mein Bruder nicht gestorben. Aber auch jetzt weiß ich: Alles, worum du Gott bittest, wird Gott dir geben. Jesus sagte zu ihr: Dein Bruder wird auferstehen. Marta sagte zu ihm: Ich weiß, dass er auferstehen wird bei der Auferstehung am Jüngsten Tag. Jesus sagte zu ihr: Ich bin die Auferstehung und das Leben. Wer an mich glaubt, wird leben, auch wenn er stirbt, und jeder, der lebt und an mich glaubt, wird auf ewig nicht sterben. Glaubst du das? Marta sagte zu ihm: Ja, Herr, ich glaube, dass du der Christus bist, der Sohn Gottes, der in die Welt kommen soll“ (Joh 11,1.3–7.20–27).

Marta

Lange hast du mich warten lassen.
Ich fragte mich schon,
ob du überhaupt noch kommst,
ob du meine Botschaft
gehört hast,
ob sie dir wichtig genug war,
ich dir wichtig genug war,
dich zu bewegen,
herzubewegen,
um zu helfen,
um zu tun,
was keiner kann außer dir.

Verzweifeln wollte ich
und auf dich schimpfen,
weil du mich alleingelassen hast
in der ärgsten Not,
obwohl ich so flehentlich
nach dir gerufen habe.

Jetzt, wo du da bist,
fällt der Fels von meinem Herzen,
obwohl schon alles zu spät ist,
denn ich weiß,
du kennst kein zu spät.

Herr,
du hast Worte des ewigen Lebens.
Sprich diese Worte für mich, Herr,
der du alles kannst.
Lass wieder Leben blühen,
wo der Tod die tiefsten Wunden schlug.
Sprich diese Worte für mich, Herr,
jetzt!

„Am ersten Tag der Woche kam Maria von Magdala frühmorgens, als es noch dunkel war, zum Grab und sah, dass der Stein vom Grab weggenommen war. Da lief sie schnell zu Simon Petrus und dem anderen Jünger, den Jesus liebte, und sagte zu ihnen: Sie haben den Herrn aus dem Grab weggenommen und wir wissen nicht, wohin sie ihn gelegt haben. Da gingen Petrus und der andere Jünger hinaus und kamen zum Grab; sie liefen beide zusammen, aber weil der andere Jünger schneller war als Petrus, kam er als Erster ans Grab. Er beugte sich vor und sah die Leinenbinden liegen, ging jedoch nicht hinein. Da kam auch Simon Petrus, der ihm gefolgt war, und ging in das Grab hinein. Er sah die Leinenbinden liegen und das Schweißtuch, das auf dem Haupt Jesu gelegen hatte; es lag aber nicht bei den Leinenbinden, sondern zusammengebunden daneben an einer besonderen Stelle. Da ging auch der andere Jünger, der als Erster an das Grab gekommen war, hinein; er sah und glaubte. Dann kehrten die Jünger wieder nach Hause zurück. Maria aber stand draußen vor dem Grab und weinte. Während sie weinte, beugte sie sich in die Grabkammer hinein. Da sah sie zwei Engel in weißen Gewändern sitzen, den einen dort, wo der Kopf, den anderen dort, wo die Füße des Leichnams Jesu gelegen hatten. Diese sagten zu ihr: Frau, warum weinst du? Sie antwortete ihnen: Sie haben meinen Herrn weggenommen und ich weiß nicht, wohin sie ihn gelegt haben. Als sie das gesagt hatte, wandte sie sich um und sah Jesus dastehen, wusste aber nicht, dass es Jesus war. Jesus sagte zu ihr: Frau, warum weinst du? Wen suchst du? Sie meinte, es sei der Gärtner, und sagte zu ihm: Herr, wenn du ihn weggebracht hast, sag mir, wohin du ihn gelegt hast! Dann will ich ihn holen. Jesus sagte zu ihr: Maria! Da wandte sie sich um und sagte auf Hebräisch zu ihm: Rabbuni!, das heißt: Meister. Jesus sagte zu ihr: Halte mich nicht fest; denn ich bin noch nicht zum Vater hinaufgegangen. Geh aber zu meinen Brüdern und sag ihnen: Ich gehe hinauf zu meinem Vater und eurem Vater, zu meinem Gott und eurem Gott. Maria von Magdala kam zu den Jüngern und verkündete ihnen: Ich habe den Herrn gesehen. Und sie berichtete, was er ihr gesagt hatte" (Joh 20,1–8.10–18).

Maria Magdalena

Herr, ich hab ihn kaum ausgehalten,
diesen Sabbat.
Ein endlos langer Tag,
der mich abhielt, zu deinem Grab zu gehen.
Die Ohnmacht ließ mich verzweifeln,
das Unrecht und das Leid: unerträglich.
Bis zuletzt bin ich bei dir gewesen,
hörte deinen Todesschrei,
sah dich im Grab liegen,
dann der Fels vor dem Eingang – alles vorbei.

Du fehlst mir so!
Ich will dir nah sein,
auch wenn du tot bist.
Ich will dir zeigen:
Du bist nicht allein.

Die Sehnsucht treibt mich zu deinem Ruheort,
heute Morgen in aller Frühe,
doch, mein Herr!
Der Stein ist fort!
Hört es denn niemals auf?
Darfst du nicht in Frieden ruhen,
nach all dem Schmerz?
Ich will dich suchen,
muss dich finden,
brauche Hilfe,
schaff es nicht allein.

Die Männer: ratlos.
Johannes glaubt.
Kann ich glauben?
Die Trauer überwältigt mich.
Was ist mit dir passiert?
Warum weinst du?
Wer fragt mich das?
Plötzlich: der Gärtner.
Verzweiflung und Hoffnung.

Und dann: mein Name.
Maria.
Jesus!
Alles ist klar.
Ich habe dich gesehen.
Ich halte dich im Herzen,
wohin ich auch gehe.
Alles an mir
erzählt von dir.
Auferstanden.

„Ein Mann namens Hananias aber und seine Frau Saphira verkauften zusammen ein Grundstück und mit Einverständnis seiner Frau behielt er etwas von dem Erlös für sich. Er brachte nur einen Teil und legte ihn den Aposteln zu Füßen. Da sagte Petrus: Hananias, warum hat der Satan dein Herz erfüllt, dass du den Heiligen Geist belügst und von dem Erlös des Grundstücks etwas für dich behältst? Hätte es nicht dein Eigentum bleiben können und konntest du nicht auch nach dem Verkauf frei über den Erlös verfügen? Warum hast du in deinem Herzen beschlossen, so etwas zu tun? Du hast nicht Menschen belogen, sondern Gott. Als Hananias diese Worte hörte, stürzte er zu Boden und starb. Und über alle, die es hörten, kam große Furcht. Die jungen Männer standen auf, hüllten ihn ein, trugen ihn hinaus und begruben ihn. Nach etwa drei Stunden kam seine Frau herein, ohne zu wissen, was geschehen war. Petrus fragte sie: Sag mir, habt ihr das Grundstück für so viel verkauft? Sie antwortete: Ja, für so viel. Da sagte Petrus zu ihr: Warum seid ihr übereingekommen, den Geist des Herrn auf die Probe zu stellen? Siehe, die Füße derer, die deinen Mann begraben haben, stehen vor der Tür; auch dich wird man hinaustragen. Im selben Augenblick brach sie vor seinen Füßen zusammen und starb. Die jungen Männer kamen herein, fanden sie tot, trugen sie hinaus und begruben sie neben ihrem Mann. Da kam große Furcht über die ganze Gemeinde und über alle, die davon hörten“ (Apg 5,1–11).

Saphira

Warum muss ich sterben,
sagt mir, warum?
Was mein war, verkaufte ich,
um allen zu geben.
Allen zu geben,
wenn auch nicht ganz,
ist das so falsch?
Darf ich nicht sorgen auch für das,
was ich brauche,
mit dem Geld, das mein war
und von dem ich gab?
Hätte ich alles behalten:
Nichts wäre geschehen.
Doch so starb mein Mann,
und so sterbe ich.

War es falsch, was ich tat,
dann frage ich euch:
Seit wann steht auf Fehler der Tod,
ohne Warnung, ohne Rüge,
ohne dass die Wimper zuckt?
Wo bleibt die Liebe,
die Gnade,
Gelegenheit,
einen besseren Weg zu gehen?
Ich sterbe,
die Gemeinde hat Angst.
Ich sterbe.
War es das wert?

„Ich empfehle euch unsere Schwester Phöbe, die auch Dienerin der Gemeinde von Kenchreä ist: Nehmt sie im Namen des Herrn auf, wie es Heilige tun sollen, und steht ihr in jeder Sache bei, in der sie euch braucht; denn für viele war sie ein Beistand, auch für mich selbst. Grüßt Prisca und Aquila, meine Mitarbeiter in Christus Jesus, die für mein Leben ihren eigenen Kopf hingehalten haben; nicht allein ich, sondern alle Gemeinden der Heiden sind ihnen dankbar. Grüßt auch die Gemeinde, die sich in ihrem Haus versammelt! Grüßt meinen lieben Epänetus, der die Erstlingsgabe der Provinz Asien für Christus ist! Grüßt Maria, die für euch viel Mühe auf sich genommen hat! Grüßt Andronikus und Junia, die zu meinem Volk gehören und mit mir zusammen im Gefängnis waren; sie ragen heraus unter den Aposteln und haben sich schon vor mir zu Christus bekannt. Grüßt Tryphäna und Tryphosa, die sich im Herrn gemüht haben! Grüßt die geliebte Persis; sie hat im Herrn große Mühe auf sich genommen! Grüßt Rufus, der vom Herrn auserwählt ist; grüßt seine Mutter, die auch mir zur Mutter geworden ist! Grüßt Philologus und Julia, Nereus und seine Schwester, Olympas und alle Heiligen, die bei ihnen sind!" (Röm 16,1–7.12–13.15)

Die Frauen aus Römerbrief Kapitel 16

Wisst ihr wer wir waren,
wisst ihr, wer wir waren?
In zweitausend Jahren
hat man uns vergessen,
ungeachtet dessen
hat es uns gegeben.
Wir lebten unser Leben
ständig unter Strom,
verkündeten und heilten,
beteten und teilten,
wir Frauen der Gemeinde in Rom,
wir Frauen der Gemeinde in Rom.

Unter uns ist die Botin, die Kraft,
aus Kenchreä ist weit sie gereist,
die so vieles anpackt und so vieles schafft,
diákonos, wie Paulus sie heißt.

Pauli Kollegin und Fürsprecherin,
die Hausmutter einer Gemeinde,
erklärte ihm vieles und stand ein für ihn,
als Paulus verloren sich meinte.

Und dann eine große Apostelin,
ging mit Paulus durch die Bedrängnis,
bekennt sich zu Jesus schon lange vor ihm,
mit Paulus war sie im Gefängnis.

Eine von uns ist ihm Mutter geworden.
Und wie er haben wir uns gemüht
für den Herrn und die Seinen an vielen Orten,
jede mit einem Herzen, das glüht.

Wisst ihr wer wir waren,
wisst ihr, wer wir waren?
In zweitausend Jahren
hat man uns vergessen,
ungeachtet dessen
hat es uns gegeben.
Wir lebten unser Leben
ständig unter Strom,
leiteten Gemeinden,
lehrten, pflegten, einten,
wir Frauen der Gemeinde in Rom,
wir Frauen der Gemeinde in Rom.

Manche Namen sind genannt,
andere bleiben unbekannt,
und dennoch waren sie
die Frauen der Gemeinde in Rom,
die Frauen der Gemeinde in Rom.

Frauen im Gottesdienst

„Wie es in allen Gemeinden der Heiligen üblich ist, sollen die Frauen in den Versammlungen schweigen; es ist ihnen nicht gestattet zu reden: Sie sollen sich unterordnen, wie auch das Gesetz sagt. Wenn sie etwas lernen wollen, dann sollen sie zu Hause ihre Männer fragen; denn es gehört sich nicht für eine Frau, in der Versammlung zu reden" (1 Kor 14,33b–35).

„Auch sollen die Frauen sich anständig, bescheiden und zurückhaltend kleiden; nicht Haartracht, Gold, Perlen oder kostbare Kleider seien ihr Schmuck, sondern gute Werke; so gehört es sich für Frauen, die gottesfürchtig sein wollen. Eine Frau soll sich still und in voller Unterordnung belehren lassen. Dass eine Frau lehrt, erlaube ich nicht, auch nicht, dass sie über ihren Mann herrscht; sie soll sich still verhalten. Denn zuerst wurde Adam erschaffen, danach Eva" (1 Tim 2,8–13).

Willst du, Mann, mich zähmen,
so sei, dass du weißt:
Du zähmst den Geist,
du machst ihn still,
du willst ihn lähmen,
doch er weht, wo er will:
in mir
nicht weniger als dir.

Durch dein Misstrauen
verwehrst du ohne Recht noch Grund
uns Frauen den Mund.
Was du verlangst
von uns Frauen,
zeigt deine Angst.
Was ist, das dich so hemmt?
Warum sind wir dir fremd?

Gott hat auch Frauen erkoren,
hörend vor ihm zu verweilen,
ihren Glauben mit allen zu teilen,
Erkenntnis zum Guten einzubringen,
von ihm zu reden und für ihn zu singen.
Doch all das geht verloren
im Lauf einer langen Geschichte:
Worte, Gebete, Gedichte.
Alles zunichte.

Wer bist du, dass du uns schweigen heißt?
Die Wege, die wir mit Jesus gehen,
was wir von der frohen Botschaft verstehen,
bewegt uns und lässt keine Ruh.
Was uns zu spür'n gibt der Heilige Geist,
darüber verfügst nicht du.
Das Wort, das vom Herrn an uns erging,
schätze du nicht gering!